「感じがいいね」と思われる
お仕事マナー＆コツ59

岸本葉子

成美文庫

はじめに

保険会社に勤めてから、文章を書く仕事につきました。

はじめのうちは、勤めていたころの習慣をひきずって、雑誌の編集部に朝9時に電話をかけ、誰も出なくて、

「9時に席にいないなんて、どういう会社!?」

と腹を立てたり、首をひねったり。

でも、多少の違いはあっても、仕事を続けていくための基本は、そんなに変わらないと思うようになりました。異なる職場でも、私のようなフリーの働き方であっても。

人の気分を害したくない、せっぱ詰まったときに助けてほしい、ついつい時間に追われてしまうのをなんとかしたい、落ち込みから早く脱出したい。

「ハウツーなんて要らない、ありのままの自分で勝負すればいい！」と言いきれる人もいるだろうけれど、小心者の私には、誤解を避けるコミュニケーションの仕方、人間関係の築き方、メンタル面を維持する基礎固めなど、やはり工夫が必要でした。

仕事は人といっしょに進めるもの。「感じがいいね」とお互いが思えると、スムーズに運ぶし、ストレスも少なくなります。

この本は、そんな私の「困った」「しまった」、ときの体験から生まれました。体験から得た教訓を、マナーやコツにまとめています。

ビジネス書に書かれているような仕事術ではないけれど、

「あっ、似たような場面、私も経験ある！」

読者の方が、そう思えるシーンがあれば、幸いです。

岸本葉子

「感じがいいね」と思われるお仕事のマナー&コツ59

3章　人間関係のコツ――引き受けるにも、断るにも

4章 忘れがちな、マナーの基本の「き」

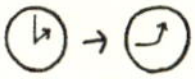

5章 時間がない! を乗り越えるコツ

6章 食と健康で基礎固め

7章 強くしなやかなメンタルを養うには

イラスト／はやし ゆうこ
本文デザイン／周 玉慧

＊本書の使い方＊

- この本は、筆者の経験をもとに、仕事のマナーとコツを項目ごとに紹介しています。テーマごとに章にまとめていますので、興味のある章の、好きなページから読んでもいいですし、はじめから通して読んでもよいでしょう。
- 読み終わったら、「なるほど」「これは使える」と思ったものから実践してみてください。
- 実践していったものから、目次ページに並んでいる項目の上に印をつけるなどして使っていくと、あなたの「お仕事のマナー＆コツレベル」がひと目でわかるのでオススメです。
- ひと通り読み終わっても、ときどき読み返し、日々これらのマナーとコツを実践できているか確認してみるのもよいですね。

1章

メールのお作法、これだけは！

01

文面を作成し終えて、ひと安心。その瞬間が危険大！

受信トレイを開くと、同じ人から続けて2通メールが来ていました。1通めは丁寧な依頼文。

「先ほどは突然お電話を差し上げ、失礼いたしました。企画の概要をまとめましたものを、添付させていただきます。ご検討のほど、よろしくお願い申し上げます」。

ところが、その企画書が添付されていないのです。

後を追うように届いたメールは、さらに丁寧な文面で、

「重ね重ねの失礼をお詫び申し上げます。先ほどのメールに企画書を添付しないまま送信してしまいました。誠に申し訳ございません。ここに改めてお送りいたします。ご検討のほど、どうかよろしくお願い申し上げます」。

ああっ、と目をおおいたくなりました。

そのメールにも添付は、なし。

たぶん1通めを送った後すぐに気づいて、急いでお詫びの文面を書き、書き終えたところでほっとして、そのまま送信をクリックしてしまったのでしょう。そのようすが手にとるようにわかるだけに、とても気の毒。

でも企画書がないことにははじまらないので、再々送信を促すメールを。向こうが添付を忘れたのはあきらかだけれど、そこは「武士の情け」で、添付文書が見当たりませんでした、くらいにして。

2通めですでに恐縮しきっていた相手、どんなメールが来るかと思ったら、さすがに3通めは言葉少なでした。

してしまいがちですよね、添付文書のつけ忘れ。

私の経験では、長いメールほど、あるいは気を張って書かないといけないメールほど。

文面の作成で神経をつかい果たしてしまうみたいです。送信してからの「しまった!」を私もどれほどしてきたか。

防ぐためには、文面を書き出す前に、まず添付。

そうしたら、つけ忘れのミスはなくなりました。

- □書き出す前にまず添付
- □送信トレイで再確認
- □忘れた相手にはやんわり催促を

ああ、添付忘れ…
メッセージ完璧！
ハイ！送信
クリック
ギャ〜
添付忘れた〜〜
もう一度お詫びメール書かなくちゃ
クリック
あ〜〜やっと終わった〜
オ〜イ また添付忘れてるよ〜〜

02

手抜きの件名で、「間抜けな人」になっているかも

メールの件名がいつも「おはようございます」の人がいます。朝にまとめてメールする習慣があるのでしょう。

何々の件、といったビジネスライクな件名が続く受信トレイにおける、癒し系で、親しみも持てるけれど、

「あの打合わせは、何時に設定してくれたのか。×時と○時を挙げたけれど、決まり次第、前後に別の用事を入れたいんだけどな……」

まだかまだかと連絡を待っているとき、いつもどおり「おはようございます」の件名でメールがくると、うーむ、どうか。

こういうときくらい件名にひと工夫あってもいいのでは、と思ってしまう。そもそも受信するほうは朝読むとは限らないから、「おはようございます」はあんまり意味がないような……。

件名は、考えどころ。自分が受けとる場合、気にかかっていることがあるときは、結論がひと目でわかるほうがありがたいです。急ぎの宅配便を送って「宅配便、確かに拝受」という件名のメールが来ると、心づかいに感動。件名だけで用が足りてしまい、文面は同じことのくり返しになるとしても。

受けとる場合の経験から、送る場合は、相手のいちばん知りたいだろうことを、件名に書くようにしています。

少々複雑なメールでは「了解しました、確認が1点、ご相談が2点」などとすることもあります。

難しいのが「Re：」。

問い合わせへの返信は、「Re：＋相手が付けてきた件名」のまま送るけれど、その話は終わったのにまだ「Ｒｅ：」以下同じ、もしくは、「Ｒｅ：Ｒｅ：」以下同じで来ると、なんとなく間が抜けた印象が。

あるいは、件名を考える手間ひまさえも惜しいのかしら、と感じます。

でも、相手にとっては、ひと続きの話のつもりで、そのままのほうがわかりやすいかもしれません。

たいせつなのは、ただ漫然とＲｅ：を続けるのではなく、用件の内容によってどんな件名をつけたらいいいか、一度考えてみること。

- 相手の知りたいことを件名に
- 内容が多いならポイントを
- 漫然と「Ｒｅ：」を続けない

03

断りのメール？誤解されて、チャンスを逃しそうに

インタビュー取材の依頼がメールで来ました。受けたいけれど、手帳で確かめたところ、あいにく再来週までスケジュールがたて込んでいる。少ない候補日の中から、先方も都合のいい日を相談しないと。

そのまんまを返信メールに書きかけて、待てよ、と手を止めました。

この文面だと、断りのメールと思われないか。

「お受けしたいのですが、あいにくスケジュールがたて込んでおり……」

のあたりで、相手に「あ、だめなんだ」と勘違いされ、みすみす機会を逃しては、もったいなさすぎる。

そうならないためには、順番を変えないと。

「メールをありがとうございます。ぜひお受けしたく、日時のご相談です」とまず書いてから、候補日を挙げ、

「あいにく再来週までたまたまスケジュールがたて込んでおり、少ない候補日の中でご調整をお願いして、申し訳ありません」は最後に回す。まずは文章の主旨を相手に伝えて、その後、細かいことを書いていくということ。そうすることで、誤解されるのを防ぎます。

また、「日時のご相談です」と示して、書いていくうちに、「そうそう、これを聞いておかないと」と後から思いついたときは、文面の前のほうに戻って「日時のご相談と、1点おうかがいです」と書き直すこともあります。

ときどき仕事のメールで、このたび弊社では~を作成することになりまして~に向けて~を発信していくものでと、企画の説明がえんえんと続くものがあります。丁寧なご説明はありがたいけれど、

「で、私は何を求められているの？　連載？　1回だけの執筆？　インタビュー取材？」

目的がつかめぬうちは落ち着かず、せっかくの説明も頭に入らない。

その点、インタビューのご依頼ですと、はじめに示してもらえれば、長いメールでも安心して読める。

用事の種類は、文面の最初のほうに出しましょう。

- □用事の種類を早く示す
- □「相談です」「質問です」と明記
- □理由や説明は後に回す

04

"ます"と"ません"では大違い。受信環境を考えて

前にもらったビジネスレターで、なるほどと思ったものがあります。全体をぱっと目にした印象が、とにかく見やすい。
そのわけは、改行にありました。
文字がはしからはしまで、びっしり並んでいることはなく、要所要所で改行し、さらに4、5行ごとに1行分のスペースを設けてあり、読みやすくする工夫がなされているのです。

メールを、ビジネスレターの電子版と心得る私は、その人をまねてこまめに改行、話のまとまりごとに、1行分のスペースを入れていました。

ところがあるとき、メールを送った相手から、折り返し電話が。会社ではなく、出先から携帯でかけているようす。

その人と私は、ある件につき関係者からの連絡を待っていて、私のもとに連絡が入ったので、「連絡がとれました！」の件名で送信。

「お世話さまです。〜の件、〜社の〜氏から電話があり、口頭での承諾はいただけました。正式には〜部宛てに文書をお送りください。別件の〜については、〜氏は許可しますとのこと。念のため〜氏にも……」と続く文面で、例によってばんばん改行、1行分のスペースも設けていました。

が、受信した相手は、会社から携帯に転送する設定にして出かけたらしい。

でも、携帯メールでは、冒頭の限られた字数しか読めず、

「ちょうど、許可し……のところで切れていて、〝ます〟か〝ません〟かが気になって、電話してみた」

とのこと。

携帯メールを使わない私は、そういう可能性に気づかなかった。改行や1行スペースは、携帯メールで読む場合には意味がなく、単なる自己満足、かえって迷惑？

携帯メールで読める文字数は増えているようですが、人によって受信環境はさまざま。そのことも考えないといけないんですね。

□改行、スペースで読みやすく

□携帯で読まれる可能性も考慮

□相手の受信環境を考えて

05

メールでは別人格？親近感を表したつもりが逆効果

仕事の打合わせで担当の方から、部下という若い女性社員Aさんを紹介されました。入社して間もないそうで、私たちの会話に、おとなしく耳を傾けている。あいさつ以外はほとんど口を開くことなく過ぎて、最後に上司から、
「では、具体的なことはAからご相談申しあげますので」
ということで、メールアドレスを知らせて、その場は別れました。
うちに帰ったら早速Aさんからのメールが来ている。

打合わせを終えてすぐメールをくれるとは、なんて律儀で礼儀正しい人でしようと思いながら、開けてびっくり！

「今日はありがとうございましたあ！　お会いできて感激(^0^)　あれから考えたんですが、～～なんて案はどうでしょう？　ダメかなあ？」

これがあの、上司のかたわらにおとなしく控えていたAさん？　まるで別人。意欲は評価するけれど、いきなり打ち解けられて、ひく私。

私たちってそんな、タメ口をきく間柄だっけ？

違和感を示すためもあり、おおげさなくらい丁寧な文面で、お礼と、その案には興味がわかない旨返信すると、

「そっかあ、ダメですかあ(;_;)　また考えてメールしまあす」

全然気づいていない……。

親近感の表し方って、難しいですね。私なんかは、メールをビジネスレターの電子版と心得る世代なので、かなり四角四面。

相手の男女、年上年下を問わず、無難な文章にします。さぞかしガードの固い、とっつきにくい人と思われていることでしょう。長い付き合いの、よほど

気心知れている人とは、くだけることもあるけど、それでも本当に少々だけ。

相手がどんな基準を持っているかわからないし、忙しくてカーッとなっている人へ、顔文字混じりのメールを送ってしまうと「遊んでるんじゃないんだよ、こっちは！」と神経を逆なでするリスクも。

仕事のメールでは、くだけすぎないほうが無難です。

- □ **友だち言葉は使わない**
- □ **顔文字は入れない**
- □ **親しき仲にも礼儀あり**

メールと別人!?
明日1時っすね〜
超楽しみにしてま〜す♪♪
こんなかんじかしら・・・・・
チースッ!
次の日
待ち合わせ早かったかしら…?
あの〜〜
はじめまして
ウソッ

06 送信時刻が午前2時！生活態度を疑われてしまう？

メールのよさは何といっても、時間を気にせず送れる点ですね。

私は夜、よく送信します。その日の仕事がひと段落してから「あっ、あの件もそろそろ連絡しておかないと」と思いつくことが多いからです。翌日に持ち越すと忘れてしまいそうだし、出張があった場合、出先から帰ってのメールチェックだと、どうしても遅い時間になる。

けど、あるとき人から、

「岸本さんって、すごい時間まで起きてるんですね。メールの送信時間がいつも深夜で。この前なんか、2時ごろだったし」

と言われて、ギクリ。

あんまり常識外れな時間帯だと、生活態度を疑われる？　金曜夜のメールに対して、月曜に、

「すぐにご返信できなくて、申し訳ありません」

と恐縮しきった返信が届いていたときは、週末は休みとわかりきっているのに、理不尽なプレッシャーをかけてしまっているのかもと、反省。

以来、ふだんそれほど頻繁にメールをしない相手には「深夜のメールで失礼いたします」「週末のメールをお許し下さい」と断りを入れるように。不要かもしれないけれど、その晩じゅうに送ってしまいたいのは、私のエゴなのはたしかなので。

今はメールが、連絡手段の第一選択になってはいますね。

でも、出欠届けや質問への回答のように、何か書類に書き込んで返信するものは、ファックスで受けとるほうが、私は便利。

電話は相手の時間を奪ってしまうので、第二、第三の選択になるけれど、双方向、確実という点では、やはりいちばん。開封確認付きのメールは、必ずしも印象がよくはないみたいだし、改まった用件や少々込み入った相談も、メールでは失礼と感じる人もいて、思いきって電話するほうがよそさう。

ただし、電話をかける場合は、話に入る前に「今、よろしいですか？」のひとことを。

- □時間外がメールの利点
- □開封確認付きは重要なときだけ
- □電話では話に入る前にひとこと

07

あわやダブルブッキング！ 送信済みで、頭から消去され……

仕事で、打合わせなどの日程を問い合わせるメールがよく来ます。
A社から「来月の下旬で、ご都合のいい日を」とあり、手帳を開いて、予定の入っていない日をいくつか返信。
後日の受信メールを見て、血の気が引いた。
「先日、ご都合のいい日を挙げていただきました会合ですが、他のかたがたと日程を調整した結果、25日と……」。

今しがたB社から届いたメールにも「調整の結果、25日と……」。しまった、ダブルブッキング⁉

詳細を読んで、脱力。よかった。時間がずれている。

それにしても、危なかった。こうなったのも、両方のメールへの返信に、25日を、候補日として含めてしまったせい。

メールの返信って、反射神経みたいなところ、ありますよね。

膨大なメールを、瞬間瞬間の判断で片付けていき、返信済みマークが付いたらもう、処理が完了したつもりになってしまう。頭から消去されてしまい、25日が重複していたことに、気づかなかった。

以来、送信したらただちに、手帳に書き写すことにしました。

日程なら決定でなくても、候補に挙げた段階で、手帳のその日の欄に「A社？」とメモ。

日程でなく、「来週、改めてご連絡差し上げます」といったメールでも、送信したらすぐ、その週のページに「Cさんに連絡」と。

だぶりや、うっかりを防ぐために効果的です。一度送信済みトレイに入ったメールなんて、あんまり見ないものですからね。

「そんなことしなくたって、Outlookなどのメールソフトの機能を使ってスケジュール管理している」

という人もいるでしょう。でも、いつでもノートパソコンを開ける環境とは限らない。いつでもどこでも、サッと見られる点では、やはり手帳がまさるのです。

私はメールと紙ツールとを併用しています。

- □ **送信済みは完了にあらず**
- □ **日程は候補でも手帳にメモ**
- □ **手帳とメールの併用が最強**

13:00〜
メールで
約束
したら…
さっそく
手帳に！
13:00

ほっと
ひと息
コラム
1

不気味なくせ

「なくて七くせ」ということわざ。会社員のころ、職場の人に感じていました。貧乏ゆすり、爪かみ、髪の毛いじり。

ああ、でも、今の私は……。

原稿を書くときは、家でひとりですが、もしも誰か横にいたら、ぎょっとして私を見ると思います。

ひとりごとが、すごく多い。

文章を声に出してつぶやき、調子を確かめるせいもある。

でも、それだけでなく、行動の切れ目切れ目に、

「えーと、何するんだったかな」

恥をかいたことを突然思い出しては、

「うわっ、やだやだ」

このくせを、無意識のうちに外でも出していたら、かなり不気味な人でしょう。

2章

会話するときも気配りを

08

かわいい声で損していませんか？
仕事の声はドスをきかせて

会社勤めをしていた頃、出先から他の部署の人に至急、調整をお願いしたいことができました。

電話口で、その部署の課長に必死で説明していると、受話器の向こうからからかうように、

「かわいい声出しちゃって」

そのときの私をマンガふうに描くなら、怒りとショックで顔にタテ線が入っ

ていた。

人が真剣に訴えているのに！　こんな発言、今ならセクハラだと訴えられちゃいますよね。

からかわれた原因のひとつは声のようです。

そのころの私の声は、若い女性にありがちな、高めの声。

仕事をする女性にとって、「かわいい声」とは、ほめ言葉ではありません。子どもっぽい印象を与えて、あなどられがち。

NHKのアナウンサーの女性が、インタビュー記事で「声を低くする努力をしてきた」と言っているのを読んで、なるほどとうなずく。

ニュースを伝えるには、信頼感を持たれることがだいじ。そのための工夫のひとつが、音程を下げることなのです。これは、アナウンサーでなくても、仕事をしている人にとっては、共通のこと。女性も男性も、低く、落ち着いた声の人は、安定感があるし、信頼感を持たれる。

以来、私も意識して、音程を低くするように。下腹に力を込めて、いわゆるドスをきかせた声にする。

これは結構たいへんで、話すのに懸命になればなるほど、もとの高い声が出てしまいがち。

この前、自分が10分間話したビデオを視聴したら、話しはじめと話し終わりでは、音程が半オクターブくらい違っていて、耳をおおいたくなりました。

持って生まれた声はなかなか変えられないけれど、あきらめずに、弱点克服の努力を続けるつもり。

- □かわいい声は損をする
- □音程を下げる工夫を
- □下腹に力を込めて

声だけは大人っぽく
会社
信頼してもらえるようにゆっくり落ち着いて…
ハイ↘
映画館
大人1枚↘
意識して声を低く!
電話
久し振り!大人っぽい声だから誰かと思ったよ!
もしもし↘
キャ〜ウソ〜
それがさ〜聞いてよ〜
でも、しばらくすると結局、元通り!

09

聞こえないのか！　しかられる前に「はい」で時間を稼ぐ

働く上でつくづく感じるのが、「はい」と返事することのたいせつさ。

会社員時代の新人研修でも、これをたたき込まれた。

「社会人にもなって、何を今さら」

はじめはそう思っていました。「はい」と返事しましょうなんて、小学校、いや幼稚園のときから、耳にタコができるほど言われてきている。

でも、会社でふいに上司に呼ばれたときのこと。

私はふだんから椅子にじっと腰をかけている姿勢が苦手で、残業のときは、ひそかに片脚の靴を脱ぎ、膝から下を椅子の座面に上げてしまっていました。呼ばれても、すぐに立てない。焦って、机の下に脱いだ靴をつま先で探していると、

「君、聞こえないのかね！」

上司が怒る。

その経験から学びました。とりあえず「はい」と声を出す。

あなたの言ったことは聞こえましたよ、受け止めましたよ、のサイン。

この、受け止めましたよ、のサインをまず出すことが、いかにだいじか。

このサインを出すことで、相手に安心感を与える。さらに、行動を起こすまでの時間稼ぎにもなるのです。

質問をされたときも同様。

スポーツ選手がよく、インタビュアーの質問に、「そうですね……」と言ってから話しはじめているけれど、あれは、「そうですね」の間に、答えを探しているのでしょう。

一般人である私たちだと「そうですね……」では、偉そうに聞こえるかもしれないので、「はい」と謙虚に返事し、質問は受け止めましたよ、今考えをまとめていますよ、のサインを出しておく。

何かと便利な「はい」なのです。

□「はい」とまず返事する

□行動までの時間稼ぎに

□「はい」の間に次の言葉を探す

新人Bくんの場合
ちょっと
Bくん
はい！
1
そういうことじゃ
なくて…
はい！
自動返事マシーン
2

10

能面に話しかけるつらさ。「せめてうなずいてほしかった」

一度だけ名刺交換をした人が、協力してほしい事業があるというので、話を聞くことになりました。
打合わせに出た私は、警戒モード。何を求められるかわからない。事業の趣旨などに、へたにあいづちを打ち、承諾したと思われると、後で困る。
なので、無言のまま、首をタテにも振らないで、話がひととおり終わるまで、じっと聞いていることに。

話し終えた相手は、大きくため息をつき、

「せめてうなずいてほしかった」

……かなり感じが悪かったみたいです、私。

たしかに、しゃべれどもしゃべれども反応がないなんて、能面に話しかけるようなもの？

それがいかに孤独かを、後に知りました。人間ではなくカメラに向かって、10分間話す機会があったのですが、うなずきもあいづちも返ってこない状況で、自分だけがえんえんとことばを発し続けるむなしさといったら……。

うなずきはコミュニケーションの潤滑油。

自分の言うことに賛同してもらえるかどうかは別にして、少なくとも伝わっていると感じたいのです。「話の途中にうなずくのは日本人だけ」とも聞くので、日本人に特有の心理かもしれないけれど。

ただし、むやみなうなずきは逆効果。

話の本題に入っていないのに、やたらたくさんうなずかれると、ほんとに聞いているのかなと、かえって不安になりますよね。潤滑油が過ぎて、上滑りになってしまう。

また、小刻みにたくさんうなずくのは、軽い人にも思われがち。要点で、大きくたっぷりとうなずくのが、よさそう。

でも要点とわかるためには、話をよく聞いていないと。たまに、要点から外れたところで思いきりうなずく、失敗をする私です。

□会話ではうなずきがだいじ
□小刻みにたくさんは逆効果
□要点で大きくたっぷりと

11

はりきりすぎて、相手はドン引き。声のボリューム調節を

会社勤めをしていたころ、採用の面接のため、席を外していた上司が、

「参ったよ」

と首を横に振りつつ、戻ってきた。

そのわけは、声の大きさ。

一対一の面接をするため、応募して来た学生を、上司は応接スペースに連れていった。他の席では、打合わせをしている人、お客さんと話している人。

にもかかわらず、その学生は、応援スペースじゅうに響き渡るような声を張り上げ、志望動機などを述べる。

やる気を示すつもりなのだろうけれど、周囲からは迷惑そうな目で見られ、身の縮む思いをしたとか。

その学生は結局、不採用になりました。そうだろうなと納得。

場に応じて、声のボリュームを調節するのは、だいじです。

よく電車で、女子高生が教室にいたときのまんまみたいなはしゃぎ声で乗ってきて、周りの人に眉をひそめられているけれど、ああいうのは、社会人としてもってのほか。

かといって、控えめならいいってものでもないから、難しい。

あるとき、仕事で聞き役をつとめたとき、話せば話すほど相手が勢いをなくしていく感じがして、とまどいました。

後でスタッフから言われたのは、

「聞くほうが小さな声で話しているから、向こうもだんだんそうなってきたんだよ」。

周りの空気などお構いなしにしゃべるというような人もいるけれど、相手の声のトーンや大きさにつられていく性質も、人にはあるもの。話のトーンを変えたいときは、自分のほうから声量を変えてみないといけないんですよね。

どのくらいの声量がいいかは、一概には言えません。状況や求められている役割をつかんで、その場その場で、臨機応変に調節することが必要みたい。

- □周囲に響く大声は迷惑
- □小さければいいわけでもない
- □状況に応じて音量調節

12

何を言おうとしてたんだっけ？ 話しことばにも「。」を

書きことばで、文の途中に入れる「、」と文の終わりに打つ「。」。

話しことばでも、この2つを意識します。

話し方教室に、参加したことがあります。駅から自分の家までの道順を、はじめて来る人にもわかるように説明する、という課題が出ました。

録音を再生してみてびっくり。

私ってこんなに「、」「、」でつなげている？

「改札を背にして左へ5分くらい歩くと、そば屋があるんですけど、そこが四つ角になっているので、右へ曲がって」

文章に「、」が続くと、聞いているほうはわかりにくい。まだまだ「。」に変えられるはず、と先生。

「改札を背にして左へ歩いて下さい。5分くらい行くと、四つ角に出ます。そば屋のある四つ角です。そこを右へ曲がって下さい」

伝わる会話をするためには、自分では切り過ぎなんじゃないかと感じるくらい、ひとつひとつの文を短くして、ちょうどいいくらいだそう。

私はよく、話しながら相手の反論を予想してしまい、あらかじめ予防線をはるため、

「別の考え方もあるかとは思うんですが、効率という点だけで言うならば」

などと長々と前置きするうち、自分でもこんがらがってきて、何を言おうとしてたんだっけ、となりがち。

言いわけやこまかい説明は、後へ回す！

会社員時代、上司がよく人をしかっていました。

「僕は君の意見を求めているんだよ。〝〜と思うんですけど〟、では意見になってないよ。〝〜と思います。〟と言いなさい」。

たしかに「〜けど、」「〜ので、」「〜て、」でうやむやにするのは、結論を預ける、逃げの姿勢。

誤解を防ぐためだけでなく、信頼感を持たれるためにも、「。」で言いきるくせをつけましょう。

- □「、」で長々つなげない
- □言いわけやこまかい説明は後へ回す
- □「。」で言いきって信頼感を

13 上司の気分を害したひとこと。否定のことばは使わないほうが無難

「君、それ、僕の弁当？」

勤めていたころの昼休みちょっと前、自分たちに届いた弁当を、とりあえず給湯室へ置きにいこうとしていた私に、上司が聞きました。

「あっ、違うんです」

「会議室へ届けるぶんか？」

「いえ、違います」

上司は機嫌が悪くなり、

「なんだよ、僕の言うことは、みんな違うんだな」

背を向けて行ってしまいました。

否定的なことばは、要注意です。

自分たちのぶんですとは言いにくく、とっさにああいう答え方をしてしまったけれど、かえってよくなかったみたい。

言われる側になって、どんな感じを受けるものかを追体験。

私は肉を食べないので、会食の席でも、可能であれば魚に代えるよう、前もって頼んでおく。すると運んでくる係の人が、

「お肉のだめな方は、どちら様ですか？」

「こちらのお客様は、お肉がお嫌いとうかがいましたので、お魚をご用意させていただきました」

だめ、嫌い、などとネガティブなことばを連発されると、なぜかめげる。内容以前に、ことばそのものの与える印象のせいだと思います。

接客業なのだから、せめて「お魚をお好みの方は……」「お魚をご希望とい

うことなので……」などと言ってほしいなぁ、と思ってしまいます。
同じことを言うにも、否定的な響きのあることばは、なるべく使わないほうが無難。
ただし、意思表示の必要のあるときは、はっきりと否定しましょう。

- □否定的なことばは避ける
- □言い換えを工夫する
- □否定が必要なときは、はっきり

14

さっきから言ってるじゃない！ いら立っても「ですから」は禁句

子どものころ、親から二大禁句とされたのが「だって」と「だからぁ」。
話しはじめに、このことばをつけるのは、言いわけみたいだったり、自分の言いぶんが通じないのを相手のものわかりの悪さのせいにするようだったりで、感じが悪い。
仕事の上では、「ですから」を禁句に付け加えたいです。
よくありませんか、こういうこと。

「ゴールデンウィークは、私はカレンダー通りです」

「すると、30日は出社していらっしゃいますか？」

と確認すると、

「ですから、カレンダー通りです」

なんとなく、むっとする。

念のために確かめただけじゃない、というのが私の内なる声。相手はきっと、思ったのでしょう。カレンダー通りと言ったの聞いてなかった？ 同じことを二度言わせるの？

この「ですから」、つい使ってしまいがち。

私も一生懸命話した後で、えっと思うような質問をされると、通じていないいら立ちから、のどまで出かかることが。結構、攻撃的なことばなのです。

でも、こちらの説明の仕方が悪かったのかもしれず、ストレートに口に出すのは危険。ひと呼吸入れて、別のことばに置き換える。

「さきほどと同じご説明になってしまうかもしれませんが」

「くり返しになってしまうかもしれませんが」

などと、当たりはやわらかく、でも、すでに説明していることをさりげなく発信する。むろん、辛抱強い人は、はじめて話すように一から説明し直せば、なおのことよし。

ひとことをのみ込んで、摩擦を避けられるなら、それに越したことはありません。

- □「ですから」は使わない
- □他の言葉でやわらかく
- □一から説明し直すのもよし

15

ふっとつく、そのため息が落とし穴。会話にひそむ危険なワナ

仕事で接する人の中で、敬語がまるっきりなっていない人は、まずいません。

でも、意外な落とし穴だと思うのが、ため息。

出張をともにする予定の人と、メールでやりとりしていましたが、はじめて電話で話したときのこと。

「航空券の手配は、お願いしてよろしいんですか？」

とたずねると、相手は受話器の向こうで、「ふっ」とため息をついてから、

「こちらで手配いたします」

私は、えっ？　と思いました。

そんなイヤそうに言わなくてもいいじゃない。あきれた人ねと笑っている？　私の頼みは、そんなに常識外れなこと？

メールでは丁寧な人だったので、よけい混乱。

ケンカをはじめてもしかたないので、ではご手配をよろしくお願いします、と電話を終えたけれど、いったい何のため息か、謎。

後日、その人と同じ部署の人に会ったとき、

「出張の航空券の手配、いつもどういうふうにしていますか？」

と探りを入れてから、ため息の話をすると、

「ああ、あれね、あの人のくせ」

質問に答える前に、一瞬の間があって「ふっ」と。

「電話でも聞こえてしまうのね、ごめんなさいね」

代わりに謝られる。

聞いていて、こわくなりました。無意識のため息なら、私もいつついている

かわからない。

もしかしたら、相手にすごく失礼な印象を与えていて、いくら敬語を使っても台無しに？

ため息のタイミングには、くれぐれも気をつけて。

少なくとも会話中に、誰かの目の前では、ため息をつかないほうが無難。

□ため息は失礼になる危険が
□電話口でも聞こえるもの
□会話中はため息をつかない

ほっとひと息コラム ②

飲んでばっかり？

家にいるときの私の横に、誰かがいたら、不気味と思われるだろうこと「その2」。すごくしょっちゅうお茶をいれにいく。

仕事をはじめるとき。パソコンに向かっていてしばらく経ってから、ふいに消えて。トイレに行って帰ってきて。そのつど手には、湯気の立つカップ。

1時間半に1杯は、いれているのではないかしら。

「どれだけ水分をとる人？」

と驚くだろうけれど、全部飲むわけではない。半分以上残して、カップの内側に、茶しぶの輪ができていることも。お茶って、必ずしものどが渇いたからいれるものではないですね。

集中力の低下を示すバロメーターかもしれません。

3章

人間関係のコツ―
引き受けるにも、断るにも

16

「引き受けたいのですが」のポーズが実は迷惑。断りは早く

本を作るとき、編集の作業をフリーの編集者に頼むことになりました。
誰かお願いしたい人はいるかと、出版社の人に聞かれて、頭に浮かんだ人に、私から打診のメール。
ほどなくして返信が来る。
「申し訳ないけれどお引き受けできないので、お断りするなら早いほうがいいかと思いまして……」

よくぞ、そうしてくださった。

依頼する側になると、そのありがたさがよくわかる。

私はこれまで、断らないといけないとき、すぐに返信するのをためらっていました。そうでなくとも、引き受けるよりも断るほうが、精神的エネルギーを必要とするもの。相手の意向に沿えないのは、心苦しいし……。

また、あまりに即答で断るのは、よくよく検討もせずにはねつけるみたいで、失礼なのではと思ったり。

依頼文を何度も熟読し、自分でも引き受けたい気持ちだけれども、諸事情を検討した結果、残念ながら今回はあきらめざるを得ない、という感じが伝わるほうが、穏便ではないかと。それには、その日のうちの返信は控え、最低でもひと晩は置いてからにしたほうがよいのではと思っていました。

でも、依頼するほうが知りたいのは、いかに誠実に検討されたかのプロセスよりも、検討した結果のほう。

結果がYESなら、多少返信が遅れてもまだいいけれど、NOであれば、次の人を探さないといけないのです。

半日でも早くわかるほうがありがたい。

お受けしたいのはやまやまだけど迷った末に、みたいなポーズは、まったくの自己満足。相手にとっては単なる迷惑だったと知ってから、早さを第一にしています。

□断るときはなるべく早く
□相手の状況を考えて
□迷っているポーズは不要

17 「私を嫌い？」「やる気ないみたい」と誤解されないためには

エッセイの依頼がありました。締め切りとスケジュール帳とをつき合わせてみると、無理そう。

「せっかくの機会をいただきながら、残念ですが、このたびはご意向に沿えないことを……」

とのメールを書きかけ、はたと手を止めました。

この人、たしか去年にもお断りしている。

一度のみならず二度も続くと、問題ではないだろうか。

「私とは、仕事をしたくないんだ。もしかして嫌ってる？」

と誤解されるか、そこまで悪くとらないにしても、

「岸本さん、もうあんまり働く気はないみたい」

などと意欲を疑われるか、しかねない。

断りの文面の後に、付け加えました。

「エッセイの執筆は、今月のスケジュールに組み込めないのですが、インタビューでしたら、今月の第2週までにお受けできます」

そのエッセイの執筆には、少なくとも2日はまるまる空けないといけないけれど、インタビューなら半日です。

「インタビュー記事の掲載では、ご趣旨にかないますでしょうか。ご検討ください」

と送信。

結果、その号では執筆もインタビュー記事もなしになったけれど、ご縁はつなぎとめることができました！

断るときも、可能な限り、代案を添えるようにしました。

「今月末までは難しいが、来月10日までご猶予いただけるなら」

「掲載を、1号先にしていただけるなら」

先々も仕事をいただけるように、フリーランスの涙ぐましい（?・）工夫です。

- □同じ人に断っていないかチェック
- □代案をできるだけ添えて断る
- □意欲は示してご縁をつなぐ

人づきあいも同じです

あっ メール…
来週どこかでランチしない？
来週は忙しいから ムリだなあ… でも、彼女には 先月もそう言ってたし…
ゴカイされないように 代案出しとこ…
来週は忙しいけれど、再来週以降ならOKよ！ おいしいお店みつけたから行こう

18

「来月」と口にしていませんか。苦しまぎれの期限が自分を縛る

スケジュールがたて込んでくると、一日を争わないことは後回しにしてしまいがち。

私の仕事でいえば、締め切りの近い原稿の執筆、日の迫っている事柄の打合わせが先で、

「何かごいっしょにできることがあればと、かねてより思っておりまして、一度ゆっくりお話しを」

といった緊急度の低いものは、後へ。

そのときに、苦しまぎれによく言ってしまうのが「来月」。

「来月のどこかで日時のご相談をいたしたく、来月になりましたら改めてご連絡申し上げます」

そのときは、嘘いつわりなくそう思っている。来月になったら、いくらでも時間がとれるような気もしている。

ところが、いざその月になってみると、いつのまにか前の月と同じく押せ押せの状態に。

予定外の出張まであり、不在にした間に、留守番電話が入っていた。

「××ですが、またお電話いたします」

しまった！　改めて連絡しますと、私から言った相手。

「すみません、来月になったら日時のご相談をしますと申し上げておきながら」

平謝りに謝ると、

「はい、お待ちしておりました……」

社会人たるもの、ことばにした以上、そのとおり実行せねば。相手はそれに基づいて、計画を立てている。

その場しのぎの「来月」でも、口にしたときから、「期限」となって自分を拘束する。言ったらすぐ、忘れないうち、スケジュール帳のその月の頭のページに書き写すようにしています。

- □口にしたらそれが「期限」
- □相手のあることを忘れず
- □言ったらすぐ手帳に書く

19

相手のせいにしなくて、セーフ！いつか自分もミスをする

仕事を引き受けたはいいものの、相手の対応に、かなりげんなりしていました。必要なことを連絡してこない。問い合わせても通じない。ようやく来た返信は、抜けていることだらけ。

そのうち、写真を送ってほしいと言ってきた。送り状を添えて郵送すると、数日後、催促の電話が。

依頼を受けたその日に投函したと言うと、

「送り状だけ届きましたが、写真は入っていませんでした」

ンなわけないでしょう！　とのどまで出かかりました。危なっかしい人だと思ったから、手紙だけ抜き取り、封筒といっしょに捨ててしまうことのないよう、送り状を二つ折りして、わざわざその中に挟んだのです。

どうせまた、なくすか破損するかしたのを、嘘をつき、こちらのせいにしようとしているに決まっている。

押し問答をしてもはじまらない。写真が必要な以上は、とにもかくにも別の写真を送り、真相解明は後にしようと、のどまで出かかったひとことは、のみ込みました。

しばらくして、パソコンのプリンタを載せている台を、掃除のために動かしていると、その場に固まった。

送ったはずの写真が、床の上に！

封筒に入れ、のりづけするまでの一瞬、プリンタの上に置いたとき、写真だけ滑り出て、台の向こう側へ落ちたらしいのです。

決めつけなくてよかった……。

いつもミスする人だからといって、今度もまた、とは限らない。こちらのミスの可能性だってあります。

仮に相手のミスであっても、いつか自分もミスをして、謝らなければいけない立場になるかもしれないし。

そのときのためにも、あんまり強く責めないほうがよさそうです。

□ **相手のミスと決めつけない**

□ **まず必要な対策をとる**

□ **責め立てるのもほどほどに**

20

ああ、恥ずかしい！　深みのある人に思われたくて、勘違いの自己演出

10代では、自分は人とは少し違うんだぞ、というポーズをつけたいですよね。

ふつうより感受性が鋭い、神経がこまかい、ものごとを深く考えている、みたいな。

ひとことでいえば「ちょっとカゲがある」と見えるような演出。

ああ、それを20代になってもしていた、おバカな私。

今の文筆の仕事について間もなくのこと。仕事先の社員や関係者による一泊

旅行に参加した。宴会では、年長の男性社員の隣の席。

私は例によって「ちょっとカゲがある」という演出で、ふつうよりも深みのありそうな人間に思われたいといった下心がありました（↑と文章にするだけでも恥ずかしい）。

膳の上のものにも、あまり箸をつけていない私に、隣の人は、

「あれ、食が進まないようだね」

ここぞとばかりに私は、

「おおぜいで騒ぐ場は、いまひとつなじめないので」

すると相手は、事もなげに言ったのです。

「それじゃあ、来てる意味ないじゃない」

その、あまりにもあっけらかんとした調子に、肩すかしをくらい、同時に力が抜けました。

ほんと、自分、いくつになったのよ？

旅行にまでついて来ておいて、人の注意を引くため、すねるみたいなことしてどうする？

社会人のくせして、しかもいい歳して、すごい勘違い人間。

別の人も言っていました。

「暗くて、何か内に秘めたものがありそう、みたいなポーズをとる人がいるけど、働くのなら、明るい人間といっしょに働きたいと思うのが、ふつうだよ」

私のへたな自己演出は、そうして終わったのでした。

□へたな自己演出は一利なし
□暗めに見せては損をする
□誰でも明るい人と働きたいもの

21

遅くなるほど自分の首を絞める。礼状は早く書くのが結局、ラク

書かなければと思いながら、ついつい後回しになるお礼状。

日ごろからメールをやりとりしている関係ならば、その日か翌日には、なんとかメールを送信しているけれど、手紙のほうは、遅れがち。

パソコンに向かう時間とは別に、便せんと筆記具を用意し机に向かう時間が、なかなか作れなかったりする。

ありがたく思う気持ちがないわけでは、ないのです。

この前、展覧会の図録が、宅配便で送られてきたときも、「あ、打合わせのとき、話題に出た展覧会だ。私が行きたいけど期間内に足を運ぶことはできなさそうと言ったのを、覚えていてくれたんだ。自分で行ったときも、私のことを心にかけて、わざわざ買って送ってくれたなんて！　私の見たかったものが載っているみたいで、楽しみ」

と思う。ほとんど文面になっていますね。

そう、お礼の対象となるものごとを受けとったときが、実はいちばん文面が出てきやすい。

そのときは何の苦労もせず、胸にわいてきた内容も、時間が経てば経つほど失せ、一から考えて文面を作り上げないといけなくなる。

しかも、受けとった直後なら「これから楽しみに拝見します」ですむものを、後になるとさすがに、まだ見ていないではすまず、見た上での感想のひとつも、内容に入れないわけにはいかなくなります。結果として、遅れれば遅れるほど、いよいよ自分の首を絞めることに。

結局は、早く書くほうがラク。

お礼のカードを常に準備しておくのも手です。便せんより、書く分量は少なくてすむし、贈り物みたいな感じも出る。

ファンシー過ぎない、ビジネスにも通用しそうな柄のきれいなカードを、日ごろから引き出しの中に入れておきましょう。

- □ もらったときが書きどき
- □ 後になるほど面倒に
- □ カードを送るのも手

お気に入りのカードや一筆箋などを
日頃から常備しておくのが
オススメ。

自然と筆マメになります。

22

「バタバタしておりまして」は禁句。いっそ言いわけしないほうが

前の用事が延び延びになり、打合わせの場所に遅れそうになって到着。相手はとっくに来ていたようす。

「すみません、バタバ……」

と言いかけてストップ。

このことば、使わないようにしようと思ったんだった。

つい口にしてしまいますよね。

「バタバタしておりまして」。

金曜日に、はじめて電話のあった女性もそうでした。仕事の依頼で、「今日じゅうに、概要をファックスしますので、ご検討ください」

読んだ上で、お引き受けするかどうかを、私から連絡することに。

ところが、夜になってもファックスは来ない。

送ったけれど、受信できなかった？　どうしよう。電話番号だけでも、聞いておけばよかった。

気になりながら週末が過ぎ、月曜日になって届く。

「すみません、金曜日はバタバタしておりまして、お送りできませんでした」

との走り書き。あわてふためいているようすが、目に浮かぶ。

でも、バタバタしておりまして、はないのでは……。それを言い出せば、働く人でバタバタしない人なんて、いないはず。

バタバタしてずれ込んでしまうことは、誰にでもあるとして、それを「まんま」出しては、自己管理できていませんと言うようなもの。

なんとか別の表現を考えます。

「取り込み事がありまして」

「急な対応を要する事態が起きまして」

あるいは、いっそ言いわけをせず、ひたすら謝るほうが潔いかも。

バタバタはお互いさま。

同じくバタバタな状況を、なんとかやりくりしている相手への礼儀としても、
それを理由にしない気づかいを。

□バタバタを理由にしない
□別の言い方を考える
□ひたすら謝るほうがいい場合も

4章

忘れがちな、マナーの基本の「き」

23

役員に対して、ありえない⁉ すれ違いざまのあいさつ、どうする

ホテルのロビーで待ち合わせて、打合わせのため、ティーラウンジへ。席へと進む間、反対方向から来たホテルのスタッフが、すれ違うとき歩きながら脇にずれ、真ん中を私たちに譲って、会釈する。

感じいい！

打合わせをすませ、出てくるときは、別のスタッフに交代していた。すれ違うとき、脇へ移動するのは同じで、その上さらに立ち止まって会釈。

いよいよもって、感じいい！

会社員時代、たしかにマナー研修で言われていた。目上の人や、外部のお客さまと廊下ですれ違うときは、知らない人でも会釈せよと。

その会釈のとき、一瞬でも立ち止まると、よりいっそう、印象がよくなるものですね。心から敬意を表しているようで。

昔は、えらい人の前に出ると、直立不動の姿勢をとったとか。そこまで旧式の礼儀正しさは、今は求められていないけれど、ちょっと足を止めるだけで、丁寧な印象に。

何よりも、美しい。

それにひきかえ、会社員のころの私の会釈は、なんてずさんで、がさつだったのでしょう。

私が勤めていたフロアには、役員のひとりの席があり、廊下でよくすれ違ったけれど、歩きながらあごを少し前へ出すくらい。

そのつど脇へずれた覚えもないし、トイレからの帰りだと、ハンカチで手をふきながら、なんてこともありました。

よくぞ怒鳴りつけられなかったもの。よっぽど心の広い役員さんだったのでしょう。

ホテルやデパートのスタッフの動きを見ていると、マナーの基本を思い出させられることが、しばしばです。

□すれ違うときは会釈

□脇へずれて、道を譲る

□一瞬でも立ち止まると好印象

24 働く私はエライのよ!? そのしっぺ返しはキツかった

以前、私の働いていた会社はビルの4階から上と地下にあり、間にはショップやレストランが入っていて、3階がエレベーターの乗り継ぎフロアになっていました。

地下の部署に用事を頼まれ、その先の仕事の段取りを考えながら、3階を足早に歩いていると、

「まあっ、失礼ね!」

ご婦人のとがった声。目を上げれば、周囲の視線が集まり、しかりつけられているのは私。

「人の鼻先を横切るなんて、基本的なマナーがなってない。あなた、この会社の人ね。どういう教育受けてるの」

すみませんと、口では謝ったものの、内心では、

「乗り継ぎフロアだって、私にとっては職場の続き。仕事中なんだから、仕方ないじゃない」

昼間からのんびりショップやレストランに来ている人とは違うんだ、みたいな反発もありました。

それが顔に表れていたのでしょう。ご婦人の怒りはおさまらず、会社の上層部へ苦情がいき、呼び出されて、こってりと絞られるはめに。

今も、仕事のことで頭がいっぱいだったりすると、人の前を横切ってしまいがち。

そのたびに、あの公衆の面前でしかりつけられた経験を思い出します。

昔、大名行列の前を横切ったりすると打ち首になったと聞くけれど、それく

らい失礼なことだった……。

それに、人を押しのけんばかりの勢いで歩く姿って、「働く自分」を特権階級みたいに思っているようで、なんだかエラソー。

忙しいときほど、自分に注意しています。

□人の前を横切らない
□「仕事中」を言いわけにしない
□忙しいときほど注意

25

あたりさわりのない話をしながら、ひきつる笑顔。この人、誰だっけ？

地下鉄駅の連絡通路を歩いていると、向こうから来るのが、なんだか知っている人のような。

正面から目が合い、双方とも「あっ」という顔になり、

「お久しぶりです」

「奇遇ですね」

近づいてあいさつを交わしたものの、その後のことばが出ない。この人、ど

こでお会いしたんだっけ……。

あなた誰ですか、とは今さら聞けず、

「その節はどうも」

と探りを入れるが、相手は相手で、

「こちらこそ、お世話になりまして」

「お変わりありませんか」

「はい、おかげさまで」

あたりさわりのないやりとりが続くばかり。向こうでも、私が誰か思い出せないらしい。

「すみません、お呼び止めして。それではまた」

「失礼します」

別れたとたん、どっと疲れが。

教訓。誰かと会ったら、自分から名乗ってしまうに限る。初対面の人ではなくても。相手が自分を覚えていそうかどうかにかかわらず。

そうすれば、相手が誰かわからず、ひきつりながら会話するリスクを、お互いに避けられます。

ビジネスマナーでは、目下から名乗ることになっているので、「ご無沙汰してます、岸本です」「先日はどうも、岸本です」のように、先に言ってしまえば、間違いなさそう。

□ **自分から名乗る**
□ **初対面のときに限らず**
□ **先に名乗れば間違いはない**

この人、どこかで見たことが…
あらっ？
OPEN
この人
誰だっけ？
こんにちは
思い出せないなぁ…
ALBUM
数日後
いらっしゃいませ
そっか…！
MENU

26

私の負け！思わず見直した、名刺の作法

比較的空いた電車でのこと。

私の近くには、営業職らしいスーツ姿の男性と、その部下とおぼしき若い女性が立っていた。

この女性が、スーツにA４の書類の入るバッグと、働く女性らしい服装ではあるものの、スーツのインナーの襟ぐりは深く、まとめていないロングヘアが、胸もとにかかり……なんとなく、ゆるそうな人なのです。

こう言っては悪いけれど、あまり仕事はできなさそう。

素直な性格ではあるらしく、上司のしょうもない冗談にも、ほがらかな笑い声を上げている。男性にはかわいいと思われるタイプだろうけれど、こういう人とは仕事で組みたくないなと、好意的でない目で見ていました。

そこへ、となりの車両から、ひとり男性が移ってきた。上司の知り合いだったらしく、あいさつを交わしてから、

「あっ、ご紹介します、僕の下で働いている××です」

女性はバッグの中の名刺を探します。案の定もたもたしていて、見つからないようす。

そうこうするうち、相手から先にさし出されてしまった彼女は、とっさに足もとにバッグを置き、両手で名刺を受けとったのです。

負けた！　私は心の中でうなりました。

名刺は両手で受けとるようにとは、会社員のときマナー研修でたしかに教わりました。

でも、たくさんの人の靴の裏で踏まれた電車の床に、だいじなバッグを置く

なんて、なかなかできないこと。彼女はそれをしてまでも、両手で受けとるほうを優先したのです。

この人って、意外な「仕事力」があるのかも。

脱帽すると同時に、私もまねして、名刺は必ず両手で受けとろうと決めたのでした。

□ 名刺は両手で受けとる

□ 持ち物を脇に置いても

□ 自分から先に出すのが望ましい

名刺の渡し方

よくやってしまうタブー

27

「あれ、どうなった？」と聞かれたら、次はない。事後報告を必ず

Aさんからのメールを受信。Aさんの年上の知り合いであるBさんが、私に仕事で相談したいことがあるそうなので、連絡先を教えてもいいか、との問い合わせでした。

その後、Bさんとは何回かやりとりしたけれど、諸事情が折り合わず、仕事はお引き受けしないことに。

しばらくして再びAさんからメール。別件だったけれど、Aさんの名を受信

トレイに見た瞬間、

「いけない！」

Aさんに報告していなかった。

話が流れたこともあり、つい忘れてしまっていた。

Aさんのメールに、Bさんのビの字もないのが、よけい胸に突き刺さる。

Aさんの気持ちを想像するに、たぶんBさんからも、その後どうなったか知らせてこず、やきもきしているけれど、年上のBさんには聞きにくく、それとなく私に報告を促したのか。

あわててお詫びのメールを送る。

「ご報告が遅くなりまして申し訳ありません」

これでも、マシになったほうなんです。以前の私なら、

「あれ、どうなった？」

と言われるまで気づかなかった。

事後報告ということが、まるっきり頭になかった。あきれて、この人にはもう絶対紹介すまいと怒った人、たくさんいたと思います。

どうなった？　と向こうから聞いてくるのは、しびれを切らしたときなのでしょう。

それを言わせてしまったら次はない、と心得たほうがいいのかも。

仕事が成立したときはむろん、しなかったときも、間に立った人には、ひとこと報告。こちらから紹介をお願いした場合は、なおのこと。

□結果がどうであれ、必ず報告
□向こうから聞かれる前に
□紹介をお願いしたときはなおさら

28 高級店の印象もかき消えた、ガッカリした物の渡し方

丸の内のある通り。オフィス街に近く、一流ブランド店が並んでいることで知られる。

その並びのひとつ、あるアクセサリーショップをのぞいてみた。店員さんは黒い制服に身を包み、高級店ふうの印象。

ちょっといいなと思う商品があり、その型番をメモしておこうと、店員さんにお願いします。お店のカードにメモして差し出してくれた彼女の指には、美

しくマニキュアの施されたネイル。思わず見とれてから、カードのほうに目を移して、

「えーっ」

声にはしなかったけれど、胸の中で叫びました。

文字が逆さま。自分のほうに向けたまま、平然と差し出すって……。

お店が演出しているハイクラス感とのギャップに、商品への憧れも、いっきにさめる思い。

うちの近所にコンビニがあります。学生のバイトらしき店員さんが、お弁当の温めだ、カップラーメンのお湯だと、レジを打つ以外にもさまざまな用事を頼まれ、ほんとうに忙しそうに働いている。

でも、そんな雑然とした中でも、レシートは必ず、文字を客のほうに向け直して渡すのです。しかも、もう片方の手を添えて。

100円に満たない金額のレシート一枚でも、そうなのです。どの人もそうだから、店長さんの教育でしょうか。

物の渡し方ひとつで、好感度はぐんと上がる。

それにひきかえ、丸の内のアクセサリーショップのほうは、私の中で価値が急落。

人に物を渡すときは、相手にとって正しい向きに。

こんな、ものすごく基本的なマナーの大きさを再認識したのでした。

- □相手にとって正しい向きに
- □できればもう片方の手を添えて
- □渡し方ひとつで印象は変わる

29

来るだけでは出席した意味なし。パーティー、式典のマナー

30代のころ、立食パーティーに出席したときのこと。ある事業がはじまって10周年を記念するものでした。

パーティーや式典など、おおぜいの人の集まる社交の場が、苦手な私。

それほどご縁の深い仕事先でもなし、欠席してしまおうと思ったけれど、親しい女性のAさんが、

「行こうよ、Bさんも来るし、Cさんにも久しぶりに会えるよ」

知り合いの女性の名を挙げて誘うので、出席の箇所にマルして、返信はがきを出した。

会場に着くと、Bさん、Cさんが中にいるのが、入り口から見える。手を振って近づこうとした私の腕を、ぐいと引っ張ったのがAさん。

「こっちが先だよ」

主催者のところへまっすぐ進み、

「10周年おめでとうございます。本日はお招きに預かりまして、ありがとうございます」

あわてて、ともに頭を下げます。

パーティーとか式典は、参加するだけで役目がすむもの、招待状なり名刺なりを受付に出し「来た」という事実さえ残せばいいものと、それまでの私は思っていた。

どうせ、こんなにたくさん人がいるのだ、誰と何を話したかなんて、覚えていないだろうし、と。

でも、それは大きな間違い。

パーティーや式典には、何かを記念するとか祝うといった趣旨が必ずある。その記念される人、祝われる人が誰なのかを見極め、趣旨にかなったあいさつをまずするのが、出席者のつとめ。

それをみごとにしてみせたAさんに、脱帽なのでした。

- □誰にあいさつすべきか見極める
- □着いたらまずその人の前へ
- □趣旨にかなったことばを述べる

30

壁に耳あり、障子に目あり。思いきりうわさ話をした後に

仕事先の女性と、食事に行きました。畳敷きの個室。私たちの後ろは、襖《ふすま》が閉められています。

ふたりきりの安心感から、出てくるのは、

「ここだけの話だけど」

彼女は同業他社からの転職組。前に勤めていた会社がいかに給料が低かったか、いかに安くこき使われていたか、いかに経理がずさんだったかを、一気に

話し出す。しゃべり疲れて、

「ちょっと休憩、トイレ行ってくる」

立ち上がり襖を開けて、のけぞった。

奥の部屋にいた客が、ちょうど帰るところらしく廊下に。その中に、他ならぬ前の会社の人が！

襖一枚隔てた隣で、さんざん暴露ばなしをしていたのです。

今は直接の上司でないとはいえ、同業どうし。あいつは信用ならないとのうわさを流されては、生きていけない？

そんな偶然めったにないでしょ、よっぽど運が悪かったんでしょう、と思われるかもしれませんが、同じような例は、結構あるのです。

別の知人は、同僚と3人で中華料理店にて、会社の悪口、誰かれのうわさ話をさんざんにしていたところ、ついたての向こうから上司がぬっと顔を出し、

「全部聞いていたからね」

3人の箸がそろって止まり、青ざめたことはいうまでもありません。

同じ会社や同じ業界の人間だと、行動範囲や行く店のタイプがどうしても似

てくるもの。
会社を出ても、安心ならない。
うわさ話がめぐりめぐって、自分にどういう不利益がもたらされるかわからないし。
どうしても話したいときは、カラオケルームにしておきましょう。

- □うわさ話や悪口は危険
- □会社を出ても要注意
- □めぐりめぐって自分の不利益にも

ほっと
ひと息
コラム
3

仕事着、作業着

会社員だったころは、制服でした。ベストにスカートというお決まりの形。着るもののことを考えなくてすむのはラク。でも、台車に段ボール箱を積んで運ぶなんて作業のときはきゅうくつで、不合理と感じたものです。

今、家で仕事をしているときの服装は、ラクさを優先。最近多いのは、膝上丈のシャツブラウスかワンピースに、レギンス。レギンスは、締め付けを感じなくてすむよう、通販でLLサイズを買いました。

ほんとは、ブラジャーもしたくない。一日パソコンに向かっていて、肩がこってくると、外してしまうこともある。ゆるさを求めるなら、パジャマになりたいくらい。

でも、それを許すと、歯止めがきかなくなりそうで、思いとどまっています。

5章

時間がない！
を乗り越えるコツ

31

「あれやっとかなきゃ！」のプレッシャーから、これで解放！

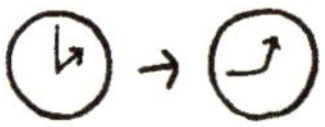

夜になっても、しなければと気がかりなことがまだまだある。

「そろそろAさんと打合わせの時期だな、いくつか候補日を挙げてメールしないと」「Bさんから出欠うかがいの文書が来てたんだった。早めにファックスで返信しないと」。

何が何でも今日じゅうにしなければならない用事ではないけれど、明日に回すと、忘れてしまいそう。

ああ、でも、スケジュールを検討したり、メールを書いたりしていては、寝るのがどんどん遅くなる。

明日の朝は4時起き。いいかげんに終わりにして、睡眠時間の確保を優先することに。

途中でやめて、ベッドにもぐり込んだものの、頭が冴えて寝つけません。明日、出先から戻ってきたら、まずAさんにメールで候補日を挙げ、Bさんへの出欠届けには……。

突然布団をはねのけ、起き上がります。さっき消した電気を再びつけて、床に置いていたバッグから、ペンケースをとって、フセンに記入。

「Aさんにメール」「Bさんにファックス」。

スケジュール帳の明日のところに貼って、ようやく、眠りにつくことができました。

以来、今すぐはできないけれど、すべきことのあるときは、フセンにメモして、スケジュール帳やパソコンの画面脇など、目につくところに貼っています。

覚えていなければと思うことそのものが、プレッシャーに。どんな小さな用事でも、いいえ、忘れそうな些細な用事ほど。

フセンに書くことで、気がかりなことを、頭の中からいったん外に出してしまうのです。

ただし、フセンはため込まないように。

フセンはあくまでも、はがして処理するためにあると心得て。

□すべきことをフセンに
□目につくところに貼る
□未処理のままためない

32
スケジュールをこまかく割り振り、何も考えず予定の「しもべ」に

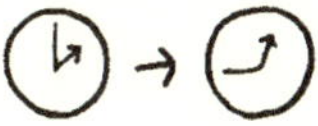

仕事って、重なるときは、どうしてこう重なるんでしょう。

この前の私でいえば、月末までの1週間に、締め切りがA、B、Cの3つ。ひとつの原稿を、下書き、執筆、リライトと、3日に分けて作成する私。つまり、3つ原稿があれば、3×3＝9日。しかも1週間のうちには、半日の打合わせが2つと、取材で夜までいない1日とが入っている。まるまる原稿のために使える日は、5日。本来なら9日かかる仕事を、5日で終わらせなければい

	3/18(木)	3/19(金)	3/20(土)
午前	打合せ	A執筆	予備日
午後	A下書	B執筆	
夕・夜	B下書	C下書	

けない。

どう考えても無理！

悲鳴をあげそうな自分をしずめ、スケジュール帳とにらめっこ。

月末までの7日間を、午前、午後、夕方から夜の時間帯に区切って、すべきことを、その日その時間帯ごとに、書き込んでいく。

9日かかるものを5日でなんて！　と全体でとらえるとパニックになるので、それぞれの仕事を、工程ごとに分け、それぞれの所要時間に応じて、どの日のどこに入れるか、計画的に割り振るのです。執筆は、まとまった時間を要するから、午前と午後続けてできる日に、といった具合に決めて。

書き終えたら「この通りにすれば、必ずできる」と信じる。自分に暗示をかける。

あとはひたすら、スケジュール帳に従い実行。「できるかどうか」「できなかったらどうしよう」なんて考えず、スケジュール帳の命ずるままに働く「しもべ」となるのです。

予備日って何？　スケジュール表を見て、思うかもしれません。いわばリスクヘッジ。突発的な事態で、遅れが出ても、ここで帳尻を合わせられる。前6日間を詰め込みぎみにしてでも、予備日を設けておくほうが、安心です。

□全体でとらえず部分に分ける

□時間帯ごとに割り振り

□予備日を含めた計画を

33

「時間ができたら」はダメ。歯医者で学んだ、痛〜い教訓

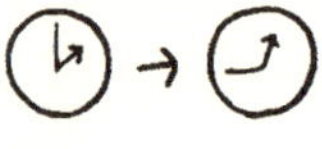

忙しいと、仕事以外の用事は、つい先延ばししがち。

会社員時代、歯医者がそうでした。詰めものがとれ、虫歯が再び悪くなりはじめたな、とは感じていた。水を飲むだけでもしみて、やがて、ずきずきと響くように。

そのうち治療しなければと思いつつ、残業を続けていました。

ある日突然、虫歯のあるほうの歯ぐきとほっぺたが腫れて、気づいた先輩が、

「歯医者に行きなさいっ」

会社の近くの歯医者に行けば、

「なんで、こんなになるまで来なかったんだっ」

神経を抜くおおごとに。そのときの痛かったこと！

しばらくは、5時過ぎにいったん会社を抜け出して、歯医者に行ってから、再び残業の日々。

その気になれば、こういう残業のしかただって、できたのに。しかも、もっと早く診せていれば、何回も通わなくてすんだでしょうに。

むちゃくちゃ忙しそうで、朝から晩まで働いているんだろうなと思われるのに、「週に2回はスポーツジムでリフレッシュするようにしているの」などと言う人がいます。どういう時間管理をしているのかとスケジュール帳をのぞくと、水、金の出勤前に「ジム」と、仕事と同じ太さの字で書いてあった。

時間ができたら行きましょう、なんてつもりでは、いつまで経っても実行できない。仕事と同等に位置づけてる。

そして、よほど緊急の事態でない限り、その時間は死守するのです。

私がそうしているのは、検診。前もって予約をして、しだいに前後の仕事がたて込み「なんで、よりによってこんな週に、予約を入れてしまったんだろう」と後悔することもあるけれど、キャンセルせずに、何が何でも行く。

歯医者で学んだ教訓です。

- □日常の用事も仕事と同等に
- □仕事以外でもスケジュール帳に記す
- □用事のキャンセルはせず実行

34 ここぞのときのHELP ME! どうしてものときだけの最終手段

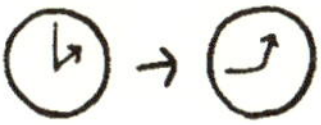

どんなに頑張ったところで、どうしてもできないときはあります。

知人は、お母さんが急に具合が悪くなって、入院。

「よりによって年末に。半日でも予定がずれると、仕事の進行全体が崩壊する、この時期に」

と泣きたくなったけれど、時期を選ばず襲ってくるのが、突発事態というものです。

どういう病気かは聞きませんでしたが、家族が交代で付き添う必要があるらしく、彼女は毎日、午後から夕方の時間帯に病院に行きました。

そのぶんの仕事は午前と夜に。起きる時間を6時、5時、4時としだいに早め、睡眠時間を削ってこなしたけれど、それでもどんどんしわ寄せが来て、ついに納期を守れなさそうに。

悩んだ末、いっしょに仕事をしている別の会社の女性に、思いきって、お願いメールを出した。

「すみません！　一日だけ待っていただけますでしょうか。私事で恐縮ですが、母親が入院して……」

と打ち明けると、すぐに返事が。

「だいじょうぶ、今回は、その部分も私が代わりにやっておきます」。

パソコンの前で、思わず掌を合わせたそうです。

どうしてもできないときは、率直にピンチの状態を打ち明けるのもひとつの方法。できる限り前もって。

ただし、日ごろからルーズな人と思われていると、通用しないかも。

彼女は、締め切りにも待ち合わせにも遅れたことがなく、責任感ある仕事ぶりで知られる人。「あの人が、こう言うのなら、よほどのことなんだろう」という説得力があります。

いざというとき助けてもらうには、日ごろの信用がものを言うのですね。

- □ 率直にピンチの状態を打ち明ける
- □ できる限り前もって
- □ 日ごろからの信用がだいじ

いつも人に頼っている人は、
信用されません。
急に
デートの
予定が…
あの～
忙しくって…
ちょっと
頼め
な～い？
い～え！
見ての通り
ボクも手いっぱい
です！

35 そのつどするのが、結局は早い。「後でまとめて」は墓穴を掘る

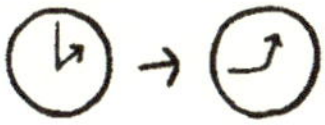

交通費を出金伝票に書いて、ひと月ぶんずつ、税理士さんに渡しています。必要経費の申告のため。

同じ日の交通費でも、JR、私鉄、地下鉄と支払い先によって紙を分け、四ツ谷～赤坂見附、いくらいくらと、駅名までこと細かに。

面倒でつい後回しになり、月末にまとめて記入するのが常。パソコンの乗り継ぎ検索で、料金を調べます。

バスだと、乗り継ぎ検索に出ないので、都交通局やバス会社のホームページで探しますが、ようやくそれらしきページにたどり着いたものの、その路線が月半ばで廃止されていたりすると、どっと疲労が。

そのつど交通費をメモしておいたほうが、ラクだったのに。

先日、取材を受けたときにも、同様のことを感じました。

私が使っている調味料に関する取材でしたが、記者さんは、パッケージを眺めてさらっとノートをとるだけ。商品名やメーカー名、電話番号などについて、しゃかりきになってメモをとるでも、私に確認するでもない。

だいじょうぶかしら？　と、かすかな不安を抱いていたら、原稿ができあがって、のけぞった。誤りだらけ！

「浜口醤油」なる、私が見たことも聞いたこともない商品が掲載されている。どうしてこんな間違いが？

考えてみて、わかりました。醤油には、濃口と薄口がありますね。後者は淡口と書くことも。たぶん記者さんは、パッケージ上の「淡口醤油」なる字だけ目にとめ、商品名と思い込み、それをもとにインターネットで、メーカー名や電話番号などを調べたのでしょう。

直しは、すっごくたいへんでした。その場で名前を確認して書いていけば、こうはならずにすんだのに。

「後でまとめて」は、かえって労力が要るだけでなく、不正確のもとにもなるのです。

- □ 交通費はその場でメモ
- □ 「後でまとめて」は労力が増す
- □ 後でやると、誤りのもとにもなる

36

乗り継ぎ検索の落とし穴。あわや遅刻、にならないために

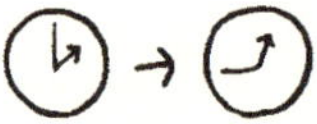

インターネットの乗り継ぎ検索サイトは、すごく便利。

私もしょっちゅう使います。

以前は首都圏の鉄道路線図とにらめっこして、「どの行き方がいちばん早いのかしら」と考えていたのが嘘のよう。時間のロスは、ずいぶん減りました。

でも、頼りすぎるのも危険。

羽田から飛行機で出張したときのこと。家を出て、ＪＲ中央線に乗る前に、

事故や信号機トラブルは起きていないのを、駅の表示で、しっかりと確認した。

けれどスピードが、なぜかゆっくり。

「途中駅混雑のため、5分ほど遅れております」

「前の駅に電車がつかえているため、速度を落として運転しております」

その5分で、乗り継ぎがずれていく。

京浜東北線の、浜松町駅に停まらない電車を一本一本やり過ごし、羽田へのモノレールは「空港快速」に乗るつもりが「普通」になり……予定よりどんどん遅れて、心臓はドキドキ、額には汗。

あわや、飛行機に乗り遅れるところだった。あんな思いは、もうしたくない。

乗り継ぎ検索って、結構際どい。

先日調べた行き先への乗り継ぎは、JR「新宿」駅で降り、構内を6分歩いて、「新宿西口」駅で地下鉄に乗れとあった。だけど、よくよく見れば、「新宿」駅着と「新宿西口」駅発との間が、ジャスト6分。

駅構内は複雑だし、「新宿西口」駅ははじめて。ちょっとでも迷ったら、アウトではないの。

むろん、電車が徐行する可能性なんて、含まれていない。
事故でなくても、単に混雑で徐行することって、ありますよね。ラッシュ時は特に。
なるべくならムダなく移動したいけど、少しは時間に余裕を持って出かけましょう。

□検索結果より余裕を持って
□はじめての駅では特に
□乗り継ぎ、徐行運転に注意

待ち合わせの15分前に
到着するように逆算。
約束は2時だけど、
1時45分に着くように…。
乗り継ぎも
あるし…
2:00
1:45
相手の会社に訪問する際は、
あまり早く着きすぎても
迷惑なので注意。
部長
○○さん
お見えです
えっ？
もう！
会議室
空いてないけど
どうしよう…

37

訪問先で、「あれ忘れた！」の恐怖。バッグの中身は前日に

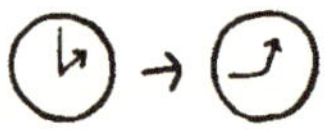

どんなに遅くなっても、寝る前に、私が必ずしておくこと。

明日出かけるためのバッグの中身を、準備することです。

財布、名刺入れ、携帯電話などのお決まりアイテムはもちろん、行く先ごとに、クリアファイルにまとめた紙類。先方からもらったファックスや、メールをプリントアウトしたもの、ホームページからとった現地図、打合わせに必要な資料など。

以前、恐怖の体験をしました。はじめての訪問先への途中で。最寄り駅に着いてから、何番出口へ上がるんだったたか、現地図で確認しようとして、硬直する。

ファイルごと、家に置いてきた……。

さあ、どうしよう。いっさいがっさいがファイルの中。行き先の住所もなければ、電話して道順を聞こうにも、担当者名も電話番号すらも、わからない。

立ち往生の数十秒があってから、ビル名をどうにかこうにか思い出し、交番でたずねて、たどり着きました。あのときお巡りさんがパトロール中で、交番がもぬけの殻だったらと思うと、ぞっとする。

出かけてからの「しまった」をなくすため、前の晩からバッグに入れる。そうでなくてもあわただしい朝、忘れ物なく完璧に整えるのは、私には不可能だと思うので。

着る物も、頭から爪先まで、そろえておく。

「明日これを着ていこう」と頭でだいたい決めていても、朝になっていざ出してみると、胸もとに目立つしみがついていたり、服とインナーとの襟ぐりが合わずインナーがもろ見えだったり、ストッキングが伝線していたり。一からコーディネートし直したり、代わりを探したりしていては、間に合わない！

出かける前の時間は、飛ぶように過ぎる。前夜のうちの準備が、パニックを防ぎます。

□バッグの中身は前日に
□訪問先の資料は必ず入れる
□服もすべてそろえておく

出かける直前にパニック！
出かける30分前
さてと、そろそろ準備しようかしら…
あっやだ ボタンがとれそう
20分前
10分前
ソーイングセットどこだったかしら!?
ピリッ
ギャ〜
伝線しちゃった〜
TIME OUT!

ほっとひと息コラム 4

危険な誘惑

私は文章を書くのが仕事なので、パソコンの画面は、常にＷｏｒｄが立ち上がっていて、しかるべき。でも、集中力が低下してくるとつい、別のほうへ行きたくなる。

調べ物のときが危ない。

インターネットに切り替えると、最初の画面の中央に、プロバイダの提供するニュース一覧が出ますよね。

その見出しに、目がいってしまう。

マンホールのふたの小さな穴にスズメがはまったニュースを、思わずクリック。写真付きで報告された救出劇の一部始終を、熟読してしまった。

就業中にこんな関係ないことをしては、企業であれば服務規程違反、公務員なら大問題？

皆さん、よく誘惑に耐えているなと思います。

6章

食と健康で基礎固め

38

「いっそ来てくれなくても……」。風邪は迷惑のもとと心得て

はじめて仕事をごいっしょする人と、あいさつかたがた打合わせをしました。テーブルを挟んで話していると、ペンを取り落としたり、ふいに涙目になったり、何だかようすが変なのです。

「実はひどい風邪をひきまして、解熱剤を飲んだら、頭がボーッとして。ちょっと失礼」そう言って鼻をかむ。

案の定、私はその晩からぞくぞくと悪寒《おかん》が。翌日には、鼻水が出て、まぎれ

もない風邪をひいていました。

先方としては、前々から予定しておいてもらっていたのに、そのぶんの時間をムダにさせては申し訳ないと、這うようにして来たのでしょう。

その誠意はわかるし、たしかに仕事によっては、どうしても日を変えられないときはある。でも、この場合は、私ひとりとの調整ですむこと。

スケジュールの仕切り直しより、風邪をもらうほうが、私にとってダメージは大。

ひとこと相談してくれればよかったのに……。

風邪は、ひく当人もつらいし、うつしても迷惑。風邪はひかないに越したことはない。

風邪シーズンでは私は、マスクをかけ、手洗い、うがいを必ずしています。このうちいちばん効果があるのは、手洗いといわれます。

忘れがちなのは、外食のとき。喫茶店などで見ていると、後から入ってきた女性が、パスタランチを注文し、セットでついてきたパンを、洗わない手でそのままちぎっている。

食べる前にトイレで洗うか、それが難しいときは、除菌ウェットティッシュを持ち歩き、テーブルの下でひそかに拭きましょう。

それでもひいてしまったら、とりあえず厚着し、もし熱が出てきたら、帰宅後に温パックなどで汗をかいて、熱を下げる。そして状況の許す限り、早く寝ましょう。

- □ **手洗いで予防する**
- □ **外食でも忘れずに**
- □ **うつさぬ努力も誠意のうち**

39

スポーツジムをとことん活用。会費を払うからにはモトをとろう

働き続けるためには、なんといっても体が資本。メンテナンスはだいじです。

そのひとつの方法が、スポーツジム。

入会金ゼロのキャンペーンがしばしば行われているので、入るならばそのときがオススメ。

それでも、月々の会費は5000円から1万円と、安くはないので、自分のスタイルに合わせて、とことん活用しましょう。

Aさんは、会社のそばのジムにしました。行きがけに寄って、軽く体を動かし、一日のウォーミングアップ。

Bさんは逆に、帰りがけ。自宅の最寄り駅近くのジムです。そして、いつもの帰宅時間の夜10時までに駅に着けたら、寄っていく。それより遅ければまっすぐ家へ帰ると決めて、習慣にしているそう。

私はAさん、Bさんほど定期的に通ってはいないけれど、ときどき泳いだり水中ウォーキングしたり。

パソコン仕事でのこりがほぐれる上に、体がほどよく疲れて、夜ぐっすり眠れる。

Cさんは、ほとんどお風呂代わり。疲れていて、運動する気力は出なくても、ジャグジーやサウナでリフレッシュ。メイク落とし、シャワー、洗った髪のブローまですませ、あとは寝るだけの状態にして帰る。

たしかに、夜遅く帰って、バスタブにお湯をためるのは、面倒なもの。

その点、ジムのバスなら、すぐに入れるし、後の掃除をしなくてすみます。ドライヤーも備え付けなので、電気代、ガス代の節約になるかもしれません。

シャンプーやリンス、ボディソープも、ジムによってはスキンケア用品も、置いてあるものを使えるし。

それでも月々の負担がやっぱり高いと感じたら、区や市のスポーツ施設を使う手も。一回につき数百円ですみます。

□ ジムで鍛えたり、ほぐしたり

□ お風呂代わりにも使える

□ 公共のスポーツ施設で安く

40

メイクでもカバーできないほどのニキビを、お弁当で撃退！

仕事がこんなに忙しいのに、お弁当を作るなんて、あり得ない。

そのぶん体を休めたほうがマシ。

会社員時代、そう思っていました。お昼はいつも外食。オフィスにいる日も出前をとるか、サンドイッチやハンバーガーを買ってくるか。

それを続けていたところ、顔じゅうにニキビが現れた。

同僚と撮ったスナップ写真を見て、思わずギョッとしました。光の向きによるのでしょうが、頬全体にブツブツが。上からファンデーションでカバーしていたけれど、隠せていないし、そもそも隠してすむ問題ではない。これは体の内側から改善せねば。

とりあえず栄養面の改善からかなと、お昼の外食をやめて、お弁当に替えてみました。外食よりもお金の節約になるし。

むろん朝から手の込んだものは作れない。後で紹介するような簡単なもの。それでも、ニキビはしだいに消えて、食と肌の関係を実感。

今もよくお弁当持ちで仕事に行きます。

起きたらすぐ、オーブントースターに塩鮭をのせ、タイマーをセットします。これなら身支度している間に、ひとりでに焼ける。野菜は、アスパラガスをゆでる代わりに、電子レンジでチン。ミニトマトは洗うだけ。これがもっとも簡単なメニュー。

外食は肉に偏りがちなので、頑張って、魚のおかずにしたいところ。

ひとつずつパック売りされている、つけ焼き用の切り身でもいいです。私は、市販のつけ焼き用が割高なのと、添加物を避けるためとで、サワラやスズキなど生の切り身を買ってきて、前の晩に、調味料とともにポリ袋に入れて、漬けます。

朝は忙しくて、オーブントースター、電子レンジにセットする時間すらない、というときは、前の晩遅くに、調理してお弁当箱に詰めるところまでしてしまい、冷蔵庫に入れておく。お昼ごろには、常温に戻っています。

- □電子レンジ、オーブントースターを活用
- □できれば魚のおかずを
- □前の晩に作っておいてもいい

晴れた日には、
公園か近くのビルの屋上などで
ランチも♪
外で食べると
気持ち
いいよネ！

41

看板を見つけて「助かった！」おにぎりでエネルギーチャージ

2時からはじまる用事のため、地下鉄の駅から続く連絡通路を、せかせかと歩いている。家でしていた仕事が延び、お昼を食べられないまま、出てきてしまった。

この後は打合わせなどの用事が、7時まで切れ目なく続く。お昼抜きで、その間持つかどうか。

そのとき、通路の先に見えたのが、おにぎり屋さんの看板。

急ぎ足で行ってみると、すでにでき上がったものがショーケースに並び、イートインのコーナーもある。腕時計に目をやれば、3分は寄ることができそう。助かった！

ほおばった鮭おにぎりの、おいしかったこと。パワーを蓄え、2時からの仕事に臨みました。歯にのりがついていないことを、コンパクトの鏡で、さりげなくチェックしてから。

短時間しかお昼を食べる時間がないとき、何をとりますか？

栄養ドリンク。スナック型の栄養食。サンドイッチ。

人によっていろいろあると思うけれど、私は断然、おにぎりです。何といっても、腹持ちがいい。

「ほとんど炭水化物じゃないの。太るだけ」

と思われるかもしれないけれど、頭脳労働はでんぷんを消費する。それにお米は、植物繊維が多いのです。玄米でなく、白米のご飯でも。

男性が、女性に比べて便秘が少ないのは、ダイエットを気にせずにご飯をたくさん食べるので、無意識に食物繊維をとっているからと言われるほど。

このごろは、駅構内や近辺に、できたてのおにぎりを売る店がずいぶん増えました。店の奥で作っていて、コンビニのものよりは、添加物が少なそうだし、のりやご飯のおいしさも上。

急場のエネルギーチャージとして、頼りになります。

- □ おにぎりは腹持ちがいい
- □ 植物繊維もとれる
- □ 店内で作っている店がおすすめ

42

スピード自炊メニュー、栄養満点の「いっしょくた焼き」

仕事が終わると、お腹がペコペコ。食べて帰りたいのはやまやまだけれど、外食は高くつくし、野菜不足も気になる。

会社員時代からの、私の課題です。その結果、考え出されたメニューがあります。

それは、グリル活用法。

ガスコンロに、魚を焼くところがついていますね？　電子レンジのグリル機能でも、オーブントースターでもいいです。

そこで、魚も野菜もいっしょくたに火を通してしまう。

帰宅したら、バッグを放り出し、とりあえず手だけ洗って、キッチンへ。アルミホイルにオリーブ油を手で薄く塗り（面倒なら省略可）、魚の切り身をのせてグリルに入れ、加熱スタート。アルミホイルの使えない機械なら、備え付けの受け皿や網にのせる。アルミホイルのほうが、後で洗う手間がないので、よりラクだけれど。

魚を加熱している間に、何でもいいから野菜を適当な大きさに切り、アルミホイルのあいているところにのせる。

あとはグリルにお任せで、着替えをしたり、うがいをしたり。

焼き上がったら、アルミホイルごとひきずり出して、皿にあける。塩なり、醤油なり、オリーブオイルなりをかけて食べる。すなわち、調理段階での味つけ不要。

焼くのに向いている魚は、生の鮭や、スズキ、タイなど白身魚の切り身。私は魚党だけれど、肉やベーコンでもできますね。

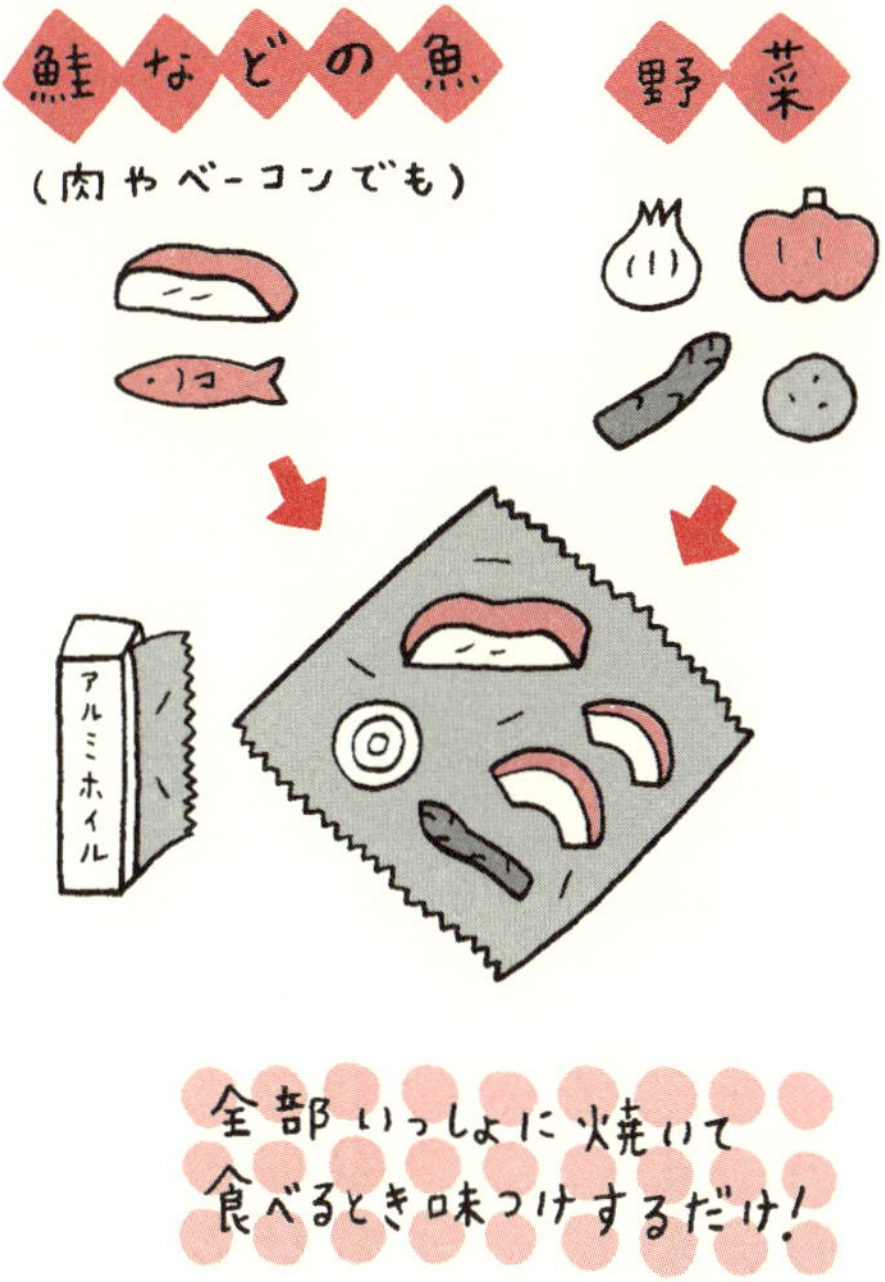
鮭などの魚
(肉やベーコンでも)
野菜
アルミホイル
全部いっしょに焼いて
食べるとき味つけするだけ!

野菜はほんとに、ピーマン、キャベツ、インゲン、アスパラ、長ネギ、ニンジン、ジャガイモ、カボチャ、カブなど、ほぼ何でも。

トマト、玉ネギを使い、食べるときにバルサミコをたらせば、イタリアンふうになります。

日ごろから、野菜がいくらか冷蔵庫にあると、こういうとき助かります。

- □ 野菜不足の解消は自炊で
- □ 一度に焼いてスピード調理
- □ 自炊は節約にもなる

43 意外と高くついてしまうデリ。安く、賢く使うための裏ワザ

夜にひとりでごはんを食べられる店の少ない女性にとって、お惣菜を売る店は、ありがたいもの。駅ビルにもよく、おしゃれなデリが入っています。

青野菜、根菜、豆、ひじきのサラダなど、外食ではなかなかとれないものが、ショーケースに並んでいて、どれもこれもひかれる。時間によっては値引きもされて、それもひとつの狙いめではある。

でも、レジで計算されて、金額を言われてから、「えっ……」とひきつった

経験はありませんか？

そう、まんべんなく栄養がとれるよう、単品で少しずつ買っていくと、意外と高くついてしまうのです。

それを回避するには、数を減らし、そのぶんの食材を、家でプラスする。

例えば豆のサラダをやめて、代わりにミニパックの豆腐を、買った青野菜のサラダにくずし入れて、和風ドレッシングで食べる。

乾物のひじきを家にストックしておき、ひじきのサラダは買わないことにして、買ってきた他のサラダに、ひじき少々を水で戻して混ぜ、自家製ひじきサラダにする。

乾物なんて、自炊をあんまりしない人には、一見、難度の高そうに思える食材だけれど、水で戻すだけですむし、たまにしか使わなくても、賞味期限が長いので、おすすめ。ひじきは、女性に必要な鉄分がとれるし。

そんなふうにデリを自前の食材でボリュームアップし、プライスダウンをはかる。栄養も補える。

でもそれには、食品群の分類と、それぞれによってとれる栄養とを、なんとなく頭に入れておかないと。学校で習いましたか？　6つに色分けした円グラフのような図を。

働く資本である体づくりの、基礎知識ともいえるもの。この機会に覚えておきましょう。

- □ 値引きの時間が狙いめ
- □ 自前の食材をプラス
- □ 食品群と栄養を知る

44

料理を前にえんえんとグチ話。お店にとっては迷惑な客に

仲のいい人と、素敵なお店で食事。たまにはそんな時間も持ちたいですよね。
でも、気のおけない相手だからといって、何でも話していいってものでもない。仕事関係者のうわさをしていたら、同じ店に当人がいて、あわや信用問題に、という例は、前に書きました。
それ以外でも、避けるべき話題がある。グチです。
前に経験したことがあります。イタリアンの店で。

いっしょにお店に行ってテーブルを挟んで向かい合った女性の話が、近況報告から、しだいにグチへ。

家族の中で、自分がいかに損な役回りを押しつけられているか。親族の集まった連休でも、誰かれからもこんなことを言われて、あんなこともされて、すっごく不愉快だった……。

本人は深刻なだけに、私ひとり元気よく食べるわけにもいかず。フォークの動きは滞りがち。お皿の上のパスタが、どんどん冷めていく。

えんえんとグチをこぼされるうち、彼女の感じている嫌な気持ちが、伝染して胃が縮こまり、食欲までなくしてしまいました。

似たような光景を、しばしば目にします。

お店では、となりのテーブルにも、話は筒抜けなもの。せっかくイタリアンを張り込んでも、こんなことをしゃべり続けられては、味もわからなくなるだろうなと、グチを聞く人のほうにむしろ同情する。

お店では食事をおいしくいただき、楽しく過ごすのがルール。親しい人との食事は、ストレス発散になるとはいえ、控えないといけない話題も。

レストランのシェフが語っていました。お客さんに出したとき、ベストな状態になるよう、パスタのゆで上がりまで計算している。しゃべってばかりでなかなか食べてもらえないと、正直、ガッカリすると。

知らない間に、その店のブラックリストに入っているかも。グチを言って、いい事はありません。

- □ 外食でグチ話は禁物
- □ となりの席にも聞こえるもの
- □ 店からも歓迎されない

7章

強くしなやかな
メンタルを養うには

45

これって暴言？　嫌がらせ？
怒りをこらえた後で

仕事をしていると、不快なことがたくさんあります。そのひとつが、
「なぜこんな人に、こんなことを言われなければならないの！」
という経験。
ある会社のある部署と、はじめて仕事をすることになり、あいさつに行きました。担当の女性と、何回も打合わせを重ねて、本を作ることになり、上司にお引き合わせしたいからとのことで、赴いたのです。

名刺を出してお辞儀をし、岸本さんには等身大の女性のエッセイをと、担当の女性が企画の説明をしかけたところで、その上司の口から出た言葉に、耳を疑いました。

「そうだね、あなたは、等身大をスタンスにするくらいしかないね。美人でもないし、服装もやぼったいし」

美人と言ってほしいとは思わない。服装がやぼったいのも認める。でも、わざわざ足を運んできた相手に、開口一番、それはないのでは。

ご足労いただいてどうもとか、今度本を出すことになったそうでよろしくとか、社会人として、最低限のあいさつがあるのでは。

人の能力を引き出すため、わざと怒らせてやる気にさせることもあるでしょうけど、それとは思えませんでした。

単なる暴言、嫌がらせ？

「あなたのような人に頭を下げてまで、本を出していただかなくて結構です！」

と捨てぜりふを残して帰りたくなったけれど、短気は損気。これまで担当の女性と、頑張って積み上げてきたものが、無に帰してしまう。

似たようなことは、ときどきあります。紹介を受け、名刺を交わしても、どこの誰が仕事欲しさにやって来たのか、というような応対。その場はこらえても、悔しさ、不快感はなかなか消えません。

そんなとき唱える呪文。

こんな気持ちをいつまでもひきずっていては「自分がもったいない」。

そう考え、割り切るようにしています。

- □ 短気は損気と心得て
- □ 「自分がもったいない」
- □ やる気を促している場合も

46 あがったときは深呼吸。緊張をとく、魔法のコツ

あがり性です。特にそうなるのが、人前で話すこと。大ホールのような大きい場でも、十数人ほどの小さい場でも、変わりません。場の広さや人数は、関係ない。

人に視線を向けられながら、自分ひとりがことばを発するという状況そのものに、緊張してしまう。

何か月も前から、そのことを考えると、動悸がする。当日、順番を待つ間な

んてもう、じっとしていられない。控え室の中を行ったり来たり。われながら檻の中のクマのよう。

トイレにも、必要ないのに何回も行きます。控え室とトイレとを、ひっきりなしに往復する姿に、

「人は見かけによらないものですね。いかにも落ち着いていそうなのに」

と主催者もあきれ顔。

いよいよ私が話をする番。脈拍の速さは、頂点に達します。

そのときにするのが、深呼吸。

ふーっと息を吐き、口から飛び出しそうになっている心臓を、下のほうにおさめるつもりで話しはじめる。

日ごろから腹式呼吸をしている人が、それをするようになってから、人前であがるということがなくなった、と話していたのにヒントを得て。

深呼吸というと、ラジオ体操で指導されたように、胸いっぱい吸い込んでしまいそうですが、腹式呼吸は、吐くほうを意識する。

まずは、お腹をへこませるつもりでゆっくりと吐き、息を出しきる。吸うほ

うは、その反動でお腹が元に戻ろうと自然にふくらむのにまかせればいいそうです。これだけなのに、効果があります。

鎮静化のはたらきを持つ、副交感神経を優位にするのだとか。

プレゼンの前や、苦手な人との面談の前などに、試してみて下さい。

- □ **深呼吸で気持ちをしずめる**
- □ **吐く息を意識して**
- □ **お腹をへこませるつもりで**

ゆっくり吐き
吸う
お腹が
へこむのを
意識
お腹が
ふくらむのを
意識
吐く方を意識して

47

苦しいときの合い言葉。「×日後には終わっている」

義理としがらみからお引き受けしたけれど、「これは自分には不得意で、相当苦しい思いをしそうだな」と予想のつく仕事がありました。

10か月後の2日間にわたるもの。スケジュール帳に書き入れてからは、そのページを見るのも極力避けていたほど。

2か月後に迫り、そろそろ準備にとりかからないといけないなと思っていたら、依頼元から確認の文書が届く。そこに印刷された依頼元の会社名を目にした瞬間、体調不良に。

ストレスで胃に穴があくと聞くけれど、ほんとうにあることなんですね。

クリニックを受診し、検査すると、

「ひどい潰瘍《かいよう》ができています。穴があく寸前です」

プレッシャーのかかりやすい性格とは、自分でも思っていたけれど、ここまでとは！

潰瘍はたとえ薬でおさまるとしても、ストレスの原因である、仕事のほうがなくなるわけではありません。引き受けたのを心から後悔したけれど、今から断ることもできず。

プレッシャーを少しでも減らすためには、当日、頭がまっ白になって立ち往生してしまわぬよう、ベストの準備をするしかない。

準備の後も、日が近づくにつれ胃の痛みがぶり返し、これはもう天変地異でも起こらぬ限り逃れるすべはないと思ったとき、同時にふっと胸にわいたのが、

「でも、3日後には終わっている。しあさっての今ごろは、すべてから解放さ

れている」

そのことを希望に、無我夢中でこなしたのです。

苦しいことに直面しているとき、そんなふうにとらえ直すと、少しは気がラクになるかもしれません。

□断れないなら気持ちを切り替える

□準備にベストを尽くす

□「×日後には終わっている」を希望に

48

「私」に戻れる、お気に入りドリンク。オリジナルの一杯を

厳しい仕事が終わったとき、あるいはまだその途中でも、ふっと仕事を離れたひととき、ほっとできる飲み物はありますか。

私にとっては、豆乳紅茶。

なじみのカップとソーサーを出して、ポットに熱々の紅茶をいれ、温めた豆乳を添えます。ふつうなら牛乳を入れるピッチャーで。

コーヒーを豆乳で割ったソイラテならば、チェーンのコーヒーショップにも

あるけれど、紅茶はなかなかない。

トレイにのせて運んできて、部屋の床にべた座りし、ポットを傾けます。豆乳を注ぎ、カップを顔に近づければ、かすかに豆っぽい香りが、ふんわりと鼻を包んで。

「家に帰ってきたなあ」

緊張が解けます。

外ではめったに出会わない飲み物であるだけに。

仕事で何があっても、今ここは自分の時間、自分の居場所と、感じることのできる一杯。

そんな「私に帰れる」ドリンクが働く日々を支えています。

豆乳紅茶と並んで、このごろよく作るのが、黒糖豆乳ラテ。旅先の玄米カフェで知りました。色はほとんどソイラテだけれど、メニューには、コーヒーは使っていませんとの断り書き。

ならばどのようにしてこの色が？　家で試したところ、簡単。温めた豆乳に、黒糖をかき混ぜて溶かすだけ。

仕事の場では、やはり出会わない飲み物だし、甘くて疲れもとれるしで、はまっています。

ただし、ソイラテふうの色になるには、驚くほどたくさんの黒糖を入れる。ティースプーンで3杯も。

メンタルへの作用はいいけれど、とりすぎると太りそうで心配です。

- □ほっとできるドリンクを
- □自宅でしか飲めないオリジナルを
- □糖分のとりすぎには注意

49

初心に返って「やる気」を刺激。あのころを振り返ってみれば

先日、インタビュー取材を受けた後で、記者さんが残していった雑誌のページをめくりながら、しばし感慨にふけりました。

企業や団体が行う、作品コンテストの応募要項を載せた情報誌。作品とはいろいろで、イラスト、ロゴマーク、キャッチコピー、川柳、俳句、短歌、小説、シナリオ、童話、エッセイ……。

なかには、私が20代のとき、目にしたことのあるものも。

「私も、こういうのが気になっていたころがあったな」

と回想する。

出版社に持ち込んで、本は出たものの、その後執筆の依頼はまるでなく、バイトで生計を立てる日々。どうすれば書くことを仕事にできるのか、わからなかった。

さかのぼって、就職活動のことまで、思い出してしまいました。同級生が内定をとっていく中、私は全然決まらずに、会社からの電話を、祈るような気持ちで待っていた。

働けば働くで、いろいろと不平、不満、不安があるものです。

冒頭のインタビュー取材を受けたときも、たまたま仕事のことで
「そう言われても、私にはできない」

「自分には不向き。相手を知ろうともせず、思いつきを一方的に押しつけてくるばかり」

と反発で凝り固まっていました。

でも、たとえ思いつきでも無理難題でも、働く場を与えられているだけ幸運

としなければならないのかも。

「やる気」を刺激されたできごと。

これからは、ときどき意識的に、初心に返って、モチベーションを維持しようと思います。

□今の仕事につくまでのことを思い出す
□働けるだけで幸運という発想
□意識的にモチベーションを維持

やる気が出ないとき、辞めたくなったときは
就職活動のときの 自分を思い出す。
夢は・・
・・・・・
・・・!
昔はあんなに
がんばってた
のよね・・・

50 頭を空っぽにできる何かを──仕事病から抜け出すには

私のメールの送信日時を見た人から、言われます。

「仕事のことが、頭を離れるときって、あるの？」

鋭い指摘。休日もついつい考えていて、

「企画案のあの部分は、こうしたほうがいいんじゃないか」

突然ひらめき、居ても立ってもいられず、パソコンの電源を入れ、修正版を作ってメールする。それが、夜中の0時過ぎ。

夢の中でキーボードを叩いていることすらある。文字どおり「寝てもさめても」仕事中。

いえ、頭を離れるときが、ありました。

ごはんを作っているときです。

料理には、段取りがある。グリルに魚をセットして、焼いている間に野菜を切って、あっ、コンロでお湯もわかさないと……いくつもを並行して進めるので、他のことまで入る余地がない。

仕事を続けたいけれど、食事の支度をしないといけないときは、中断するのが惜しくて、ひとりでにごはんが出て来たらどんなにいいかと思います。

でも、効率を落とすように思えるこんな時間が、実はリフレッシュになっているのかも。

それに、考え続けることが、必ずしも効率的ではないみたい。

休日とか夜中に送った「修正版」にはたいてい誤字脱字のあることに、後で気づきます。質の維持からは、むしろ問題。

ごはんの支度よりも、もう少し意識的に頭を空にするのは、プールでの時間。

泳ぎが下手で、クロールのテキストに書いてあったことを思い出しつつ、手足を動かしている私は、ちょっとでも仕事のことを考えたら、ただちに溺れる。

雑事でも趣味でもいい。

仕事病にならないためには、気分転換できる何かがあるといいですね。

- □ 仕事病になっていないか
- □ 効率や質の面では問題
- □ 頭を空にできる何かを

1
頭を空っぽに
できることを
見つけましょう

51

自己投資も考えよう。将来の「私」のため、大盤振る舞い

不況で、いつまで仕事があるかわからない。お金はなるべく節約したい。それでも、どうしてもお金をかけなければいけないものがあるのが、働く女性のつらさです。

Aさんは、ずばり美のため。

前はほとんど社内で過ごす部署にいたので、お化粧も服装も手抜きだったけれど、社外の人と接する部署に異動になり、きれいにしないといけなくなった。

口紅ひとつとっても、取引先の新作を。競合他社のは間違ってもつけていかないよう、何十本も揃えている。コスメフリークなわけではないが、仕事に必要な投資と割り切って。

Bさんは、語学の習得。

英語では、帰国子女も多いし、そういう人にはかなわないから、韓国語を。今いる会社で使うチャンスはないけれど、転職のときなど、何もできないよりは、売りになるかと考えて。連休には1週間の短期留学もしたそうです。

私でいえば、本。

文章を引用するなど、直接関係するわけではなくても、背景として頭に入れた上で書くほうがいいと思えば、購入する。

そうした資料にする本以外でも、少しでも興味を感じたものは、なるべく買うようにしています。いつどんなテーマを割り振られるかわからないし、そのときに、あんな話もあったと思い出せるよう、心の中のストックを多く持っておきたい。

発注者の要求に応えられるのも、長く仕事を続けるには必要なこと。本にかかるお金は、私の予算の特別枠です。

そのぶん、送料でひと工夫。アマゾンでは1500円以上だと送料が無料になるので、1470円の本は、他の本とまとめて注文。

一冊が1万円くらいする本を買わざるを得ないときもあるけれど、反面で、10円単位の計算までしています。

- □仕事に必要なものには投資
- □目先だけでなく将来を見すえて
- □節約できるところは徹底して

ほっとひと息コラム 5

椅子が問題？

パソコンに向かっていると、ついつい何か仕事以外のことをしたくなる原因のひとつが、椅子。

椅子にずっと座っている姿勢が苦痛で、立ち歩きたくなるのです。

仕事でやりとりがある会社に行って、打合わせや作業をしていて、気づく。

「うちでより集中が持続するではないか。この固さがいいのでは。いったい、何社の椅子だろう」

相手がトイレや電話に立ったスキに、メーカー名を、座面や背面の裏に探す。

ほんとうは、外でやる打合わせの場合、相手がいるから、勝手に中断してうろつくわけにいかず、集中力が続いているのかも。椅子よりも緊張感の問題でしょうか。

8章

忙しくても、社会人としての身なりを整える

52

時間がない朝の最小限スキンケア。
ずぼらで美肌になる逆転発想

1分でも惜しい朝。メイクにとりかかるまでの段取りが、もどかしくないですか？

ソープを泡立てこすって、すすぎ、タオルで水気をよく拭いて、ローション、クリーム、UV下地と、順々につけていく。急いで塗り重ねると、層が混じって、化粧くずれのもとなので、ひとつひとつが、じゅうぶんにしみ込むのを待ってから……。

そのプロセスを、省略できる方法があります。

ずばり、顔を洗わない！

目頭、口の周り、小鼻など、汚れの気になるところがあれば、その部分だけ、タオルの角を濡らして簡単におさえ、後はそのまま。いきなりＵＶ下地へ進んでしまう。

「えーっ、不潔！」

と思われるかもしれません。

その反応をおそれて、私もあまり人に言わずにいます。

でも、肌から分泌される脂は、皮脂クリームと呼ばれる、天然の保湿剤。逆にいうと、乾燥肌の原因のひとつが、洗いすぎにあるとされます。汚れが少々残っているくらいでも、脂を落としすぎるよりは、肌にはいいと。洗顔をしないのも、スキンケアのひとつなのだと聞きました。

私も、はじめは半信半疑。毛穴に汚れが詰まって、どんどん開いてしまうのではと。でも、実践してみると、開くどころか、毛穴が目立たなくなってきた！　乾燥もずいぶん改善。

日ごろから、皮脂が多いと感じている人には向かないかもしれませんが、乾燥が気になる人には、おすすめ。

さわってみて、少し脂が足りないなと感じるときは、クリームで脂だけ補ってからＵＶ下地をつけます。

乾燥肌で悩んでいたら、寝坊したときにでも、試してみて下さい。

- □ 洗顔抜きでUV下地へ
- □ 天然の皮脂クリームを活用
- □ 必要に応じて脂を補う

53

忙しい朝はスピーディーなピンポイントメイクで乗り切る

寝坊した！　フルメイクする時間がない。
そんなとき、どうしますか？
「別に。メイクはいつも、通勤電車の中でしているから」
という人。恥とか公共の概念は別にして、ちょっと想像をはたらかせてみて下さい。誰が乗り合わせているか、わかりません。取引先の人とか、同じ会社の人とか。

私の会社員時代、ノーメイクで出勤してくる女性がいました。

9時直前に現れ、「おはようございます」とすっぴんの顔で上司に堂々とあいさつしてから、始業のベルが鳴ってしばらくすると、席を立つ。

15分後、別人のようにフルメイクした顔で再登場。トイレで化粧してくるのです。

「あれもなあ。男性からは注意しにくいけれど、すごい神経だよなあ」

課長どうしささやいて、困惑していた。メイク前後を見せられることに、男性の目は、かくも厳しいのです。

とはいえ、時間がないときは、ない。

そんなとき、私はどこをポイントメイクするか。

眉とリップ。

前に雑誌で、メイクアップアーティストが指南していたのを試してみて以来、そうしています。

すっぴんでは、ぼんやりしがちな眉尻を描き足す。それだけで、引き締まる。

リップは、他のパーツとのバランスを考え、ナチュラルカラーを選んで。それでも地のままの唇の色よりは、ぐっと健康的な印象に。

ファンデーションを急いで塗るのは、ムラになって危険だから、あえてなしにし、代わりに無色のフェイスパウダーを、全体にふわりとのせる。これだけでも、肌のトーンが整います。

とりあえず人前に出られる顔を作る、スピードメイクです。

- □車内でのメイクはNG
- □眉と自然な色のリップを
- □無色のパウダーを全体に

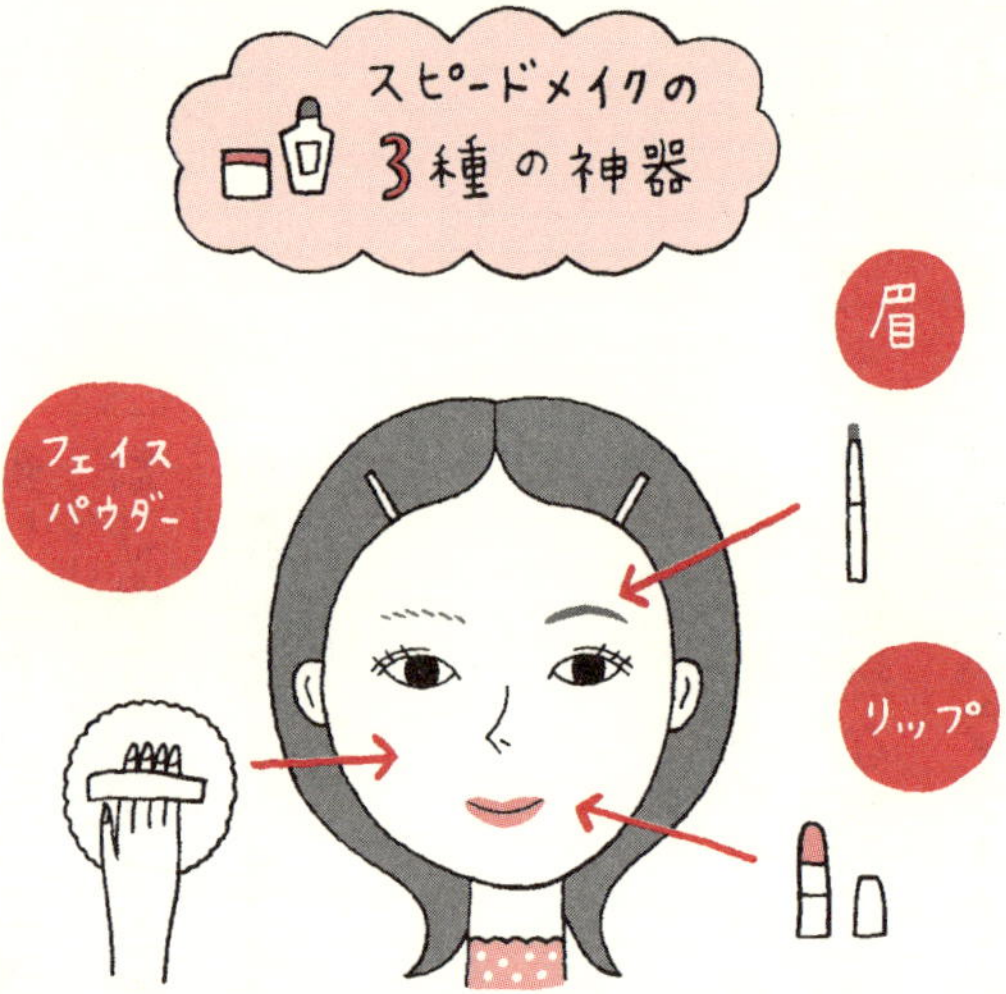

スピードメイクの
3種の神器
眉
フェイス
パウダー
リップ

54

睡眠は最大の美容法。逃すな、ゴールデンタイム

Aさんに久しぶりに会ったら、肌がきれいになっている。

スキンケアを変えた？　と聞けば、

「別に。それよりか、私、異動になったのよ」

現場の第一線から管理部門へ、配置換え。はじめはふさぎ込んでいたけれど、思わぬ効果が。生活時間が規則正しくなった。

夜の付き合いや遅くまでの残業がなくなり、前より早く帰れるように。睡眠

時間も、前倒し。

「同じ睡眠時間でも、夜11時までに寝るのと、そうでないのとは、こんなに違うのかって思ったよ」

理想は、10時前と言われます。午後10時から午前2時までが、美肌のためのゴールデンタイム。

この時間に眠っていると、成長ホルモンがたくさん分泌され、代謝を促し、新しい細胞を作るのだとか。

その説はほんとうだった！　と実例を目のあたりにして、思いました。

一方、Bさんは「寝てない」が口グセです。会うたびに、

「ゆうべ事務所で徹夜して」

「朝いっぺんうちに帰って、着替えだけして、そのまま来たの」

ほんとうに忙しくはあるのでしょう。それはたいへんだと思うけれど、彼女の言うとおりいっつも「寝てない」のなら、自己管理に見直しの余地があるのでは。

そして私の経験では、「寝てない」を吹聴する女性に、肌のきれいな人はい

ない。睡眠不足だと、肌にも疲れがたまります。

私はと言えば、AさんとBさんの中間。睡眠時間は7時間、できる限りとるようにしているけれど、就寝は午前1時から、どうかすると3時。ゴールデンタイムのほとんどを逃している！

せめてゴールデンタイムの半分を入れられる、12時前就寝をめざします。

- □ **睡眠不足は肌を荒らす**
- □ **肌のゴールデンタイムを知る**
- □ **遅くとも12時就寝をめざす**

55

磨いてない靴へ視線を感じて……。そんなときのお助けモノ

靴磨き。なかなかできないですよね。

翌日に身に着けるものを頭から爪先まで、寝る前に全部そろえておく私ですが、バッグの中身と服を整え終わったところで、はたと気づきます。

「この服装、このバッグに合う靴を、磨いていなかった」

それから玄関に行って、磨きはじめる面倒さといったら……。

でも靴って、自分で思う以上に、見られているみたいです。

電車の中づり広告にある、ビジネスマン向けの雑誌の見出しに、どっきり。
「男の品格は、靴に表れる」。すみずみまで行き届いた自己管理力や精神的なゆとりは、靴で測れると。

人と名刺を交わしながら、足もとに視線を感じて、冷や汗をかくことも。
磨いてあるに越したことはない。でも黒の革靴なんて、一日はくだけでホコリだらけになりますよね。

「毎日メンテナンスなんて、とても無理！」

という人に、おすすめのシューズがあります。

コンフォートシューズのコーナーに、グレーやゴールド、シルバーで、ほんの少しラメの入った素材のがありますね。それだと、ホコリは目立ちません。

形は、かなりタウン仕様。一枚底ではなく、低いヒールもちゃんとあります。
ラメなんて、ビジネスには向かないと思われそうだけれど、エナメルより華美な印象はなし。

しかもコンフォートシューズ系なので、パンプスよりずっと疲れ知らず。おかげで、フットワークも軽快に。

数年前、働く女性にすすめられて履いてみて以来、ほとんどそればっかりに。たまにはクリームをつけて磨かなければと思いつつ、ときどき布で拭くくらいで、ヘビーローテーションさせています。

- □ **靴は意外と見られている**
- □ **黒は特にホコリが目立つ**
- □ **ラメ素材でカモフラージュ**

56

アイロンをかける時間がなければ、シャツの選び方にひと工夫

「清潔感をアピールする白いシャツブラウスで、明日は行くぞ」

前の晩クローゼットから出してみて、ああっ！

無惨にも、斜めのしわが。今からアイロンをかけるには、遅すぎる。とりあえず、明日は別のにしよう。

そうして先延ばしされたアイロンは、なかなかかけずに、シャツブラウスはローテーションに加われぬまま、クローゼットにしまわれたきり。それでは持

っていないのと同じこと。

あるとき決めました。綿や麻一〇〇パーセントの服は止めて、ポリエステルの混紡にする。

買うときは、まず素材をチェックする。

たとえファッション性が少々劣るとしても、仕事着だもの、実用性を優先。くり返しになるけれど、ローテーションから脱落しては、持っていないも同じだから、それよりは。

ポリエステル混紡だと、しわになりにくいのです。ポリエステル一〇〇パーセントのもあるけれど、通気性や吸湿性の点からは、混紡のほうがおすすめ。洗濯の後もラク。綿や麻一〇〇パーセントのものは、乾くとしわだらけ。

「そのうちアイロンをかけよう」

と思いつつ、ひとシーズン過ぎてしまうことがよくあった。混紡のは、干すときに手でしわをひっぱれば、乾いた後ほとんどそのまま着られます。

ポリウレタンという素材もありますね。ウールともよく混紡されています。しわになりにくい上、ストレッチ性があって動きやすい。ジャケットでもパンツでも一度その着心地をおぼえると、ポリウレタンの入っていないものに戻れなくなるほど。

それでも、アイロンがまったく要らなくなるわけではない。しわになり「にくい」とはいえ、なることもあるので、やっぱり持っておくと、何かと便利。

□買う前に素材をチェック
□混紡がおすすめ
□いざというときは、やっぱりアイロン

57

3000円対3万円。妥協の一着、これぞの一着

たまたま通った駅ビル内の店で、ラックの服に目が行きました。

ワンピース、２９００円。グレーの無地で、ウエストに切り替えなしのＡライン。シンプルな色と形で、仕事のとき使えそう。

一応試着し、この値段ならじゅうぶん許せるとして、買いました。

でも、いざ着ようとすると、気になる点がいくつか。

Ｔシャツふうの丸い襟ぐりなのですが、あきが深くて、洗面所の鏡の前でお

辞儀すると、中がまる見え。下にキャミソールは、どうしても必要。合う色のキャミソールを買ってきて、洗面所の鏡の前に再び立てば、仕事にはカジュアルすぎる印象。ペンダントくらいは、つけるべきか。

胸もとは、それでなんとかなったけれど、ラインにいまひとつメリハリがない。同色のベルトをしよう。

あれこれと買い足さねばならず、結局は高くついたような。

対照的な買い物が、2万9800円のワンピース。やはりグレーのAライン。

「前のをほぼ3000円とすれば、10倍！　それだけのコストパフォーマンスがあるのか」

と疑ったけれど、試着すると、たしかにいい。収入減の折り、約3万円にはひるんだが、必要経費と考え、思いきって購入。

これが便利なのです。

同じ、切り替えなしのAラインでも、カッティングがすぐれているのか、形がきれいで、それなりに改まった印象。小物でごまかさなくてすむ。一枚でさっと着られる手軽さから、おのずと出番が多くなり、約3万円のモトはとりました。仕事で着る服は総合的なお得感で判断しないと。

でも、いくらすぐれモノでも、ワンピース一枚に出せる限度額ともいうべき基準を、自分の中に持っている。

3万円を超えたら、私は買わなかったかも。

- □小物を買い足さずにすむ服を
- □総合的なお得感で判断
- □自分なりの限度額を設定

58

あると便利、薄手のストール。膝かけに、首巻きに、変幻自在

バッグの中に、ほとんどいつも入れて持ち歩いているのが、薄手のストール。

シルクとカシミアの混紡です。

これが実に、いろいろな場面で使えること！

まず膝かけ。オフィスや会議室は、男性の体感温度に合わせてあるので、女性にはたいてい寒い。特に足が冷えます。冷たい空気は下へ行くので。

そんなとき、机の下でひそかに広げて、身を守る。スカートやパンツに似た

色のだと、目立ちません。

防寒対策だけでなく、カモフラージュにも役立ちます。

長時間の会議などでは、ずっと同じ姿勢で膝をそろえて座っていると疲れるもの。そんなときも、ストールの下なら、少々開脚したり足を組んだり、見えないところで姿勢をゆるめることができる。

リラックスグッズとしての用途ですね。

出張で、長時間列車やバスに乗るときも、同じこと。ストールの下で、靴まで脱いでしまっている私です。

ふだんの通勤でも、冷房の風がまともに吹きつけ、ノドを傷めそうなときがありますね。

女性はよく、ハンカチをノドにあててガードしているけれど、そんなときも、さっととり出して、首にひと巻き。

夏、カシミア混では、見た目に暑そうなら、シルク一〇〇パーセントのでもいい。シルクは腹巻きに使われるほど、保温性にすぐれているので、一枚あるのとないのとでは、全然違います。

服はポリエステルとの混紡を選ぶ私も、ストールはシルクか、シルクとカシミア混かのどちらかです。カシミアも保温性がある上、何といっても軽いので。シーズンの終わりに、たいがいセールになるので、そのとき買うようにしています。

□ストールを持ち歩く
□防寒に、リラックスに
□薄くて保温性のある素材を

オフィス
・電車の
冷房対策に

会議の
際の
膝もとに

59

社名入り紙袋が使えない場面に、いつもかばんにサブバッグを

かばんに入れて持ち歩いている、もうひとつのものが、薄手のナイロンバッグです。

仕事に出ると、荷物が増えることはあっても減ることはないというのが、私の実感。あいさつや打合わせに行く先々で、資料やパンフレットなど、何らかの書類をもらう。

封筒のまま抱えるのは、持ちにくいし、置き忘れのモト。そんなとき、ナイ

ロンバッグがあると便利です。

　気のきいたところでは、持ち手のついた紙袋を下さるけれど、雨に弱いし、何よりも社名のロゴが印刷されていて、競合他社の人に対して、具合が悪い。その日訪ねる予定はなくても、地下鉄駅でばったり、なんてことがあり得る。

　それに移動途中の駅ビルなどで、ちょっと目についたカットソーなどを買ってしまうこと、ないですか。

　店のロゴ入りの紙袋やビニール袋で渡されてから、しまったと気づく。このままでは、いかにもショッピングして来ましたという感じで、次に訪ねる仕事先の人に、遊びついでに寄ったみたいに思われそう。

　そんなときも、ナイロンバッグならカモフラージュがききます。

　前は仕事関係者の目の前で、ナイロンバッグをとり出すのは、スーパーでもないのに生活感ありすぎというか、所帯じみて、どうかな、とのためらいも。でも、このごろは、エコな人と評されて、概して受けはいいです。

　A4よりひとまわり大きく、マチがあんまり厚くなく、書類を入れるのにおさまりのいいサイズだと、スマートな印象に。

もちろん、仕事帰りに、ほんとにスーパーで買い物するときも役立ちます。私のは315円で買った、無地のグレー。びっくりするくらいコンパクトにたためます。

軽くて薄くて強い素材のものが、いろいろと出ています。

□ナイロンバッグを携帯
□置き忘れ防止、カモフラージュにも
□社名入りの紙袋はリスキー

ほっとひと息コラム 6

こり解消グッズ

椅子に座っているつらさを、なんとか解消しようと、いろいろなものを試しました。最近はまっているのが、金属チップ。銅線のようなものを、直径6ミリほどの二重輪っかにしたのを、バンソウコウふうのシールで貼る。

詳しいしくみはよくわからないけれど、人間の生体電流を整えて、リラックスさせるとか。貼らないよりはましな気がして、貼っています。そう話すと、

「私は腰より、肩こりがひどいの。これ、磁器ネックレス」

襟もとから引きずり出して、見せてくれた女性も。

付き合いのある会社を訪ねると、椅子の背にクッションをあてていたり、座面に体圧分散シーツを敷いていたり。

さまざまなこり解消グッズに、それぞれの悩みを垣間見る思いです。

おわりに

夜、電車に乗ると、仕事帰りらしい女性が、たくさんいます。

吊り革につかまって、シフト表とスケジュール帳とを、眉をしかめて見比べていたり、立ったまま半分寝ていて、バッグが肩からずり落ちそうになっていたり。

「今日一日、働いてきたのだろうなあ」

しみじみと眺めてしまいます。スーツの人もいれば、カジュアルなワンピースの人も。服装はさまざまだけれど、それぞれに職場があり、やっかいな人間関係があり、悔しいことや不本意なこともあるのでしょう。

お金をもらうって、ほんと、ラクではない。恥ずかしいことも、いろいろ。私自身の経験でいえば、この仕事をはじめたころは、事務や連絡にルーズなところが、今よりもっとありました。人との関わりを避けたがるもともとの傾向に、執筆こそ仕事の中心と考えるおごりや、自分への言いわけが加わってのことと思います。例えば、掲載誌を送ると言っておきながら、送らないまま。でも、世間はせまいもの。20年も仕事を続けていると、同じ人と再びご縁ができそうに。なるべくそうならないよう逃げていたけれど、

「周囲で私の名が出るたびに、不快な気持ちになるだろうなあ」

と思うといたたまれず、意を決して、長い長いお詫びの手紙を書きました。あのとき、ちゃんと送っていればすんだものを。ちょっとしたなまけ心が、20年も後をひいたのです。

たくさんの人に迷惑をかけ、礼を失し、悪印象を持たれ、消え入りたいと思った体験。忘れないで自分の中に蓄積し、明日の仕事に臨みたいと思います。

成美文庫

「感じがいいね」と思われる お仕事マナー&コツ59

著　者　岸《きし》本《もと》葉《よう》子《こ》

発行者　風早健史

発行所　成美堂出版
〒162-8445　東京都新宿区新小川町1-7
電話(03)5206-8151　FAX(03)5206-8159

印　刷　広研印刷株式会社

ISBN978-4-415-40112-6